»Das Meer ist der Raum der Hoffnung.«

Friedrich Schiller

Holger Leue
Cord Christian Troebst
Susanne Drießle

UNTER SEGELN UM DIE WELT

ROYAL CLIPPER · STAR CLIPPER · STAR FLYER

BUCHER

INHALT

KREUZFAHRT UNTER SEGELN
DAS SANFTE ABENTEUER ... 12

»Der verrückte schwedische Leutnant«
Reeder Mikael Krafft ... 22

»STAR FLYER« UND »STAR CLIPPER«
ZIEL IST DAS SCHIFF – ERST DANN KOMMT DIE ROUTE ... 26

»Blaue Reise« durch die Antike
Eine Kreuzfahrt zu den schönsten Orten der Ägäis ... 40

Hinter den Kulissen
Wer nicht zunimmt, hat selbst Schuld ... 62

Wo Scaramanga in die Luft flog
Durch die Inselwelt der Andamanen ... 66

Legendäre Kapitäne
Uli Prüsse & Co. ... 86

Inseln unserer Träume
Eine Reise durch Französisch-Polynesien ... 88

»ROYAL CLIPPER«
EINE KÖNIGIN TAUFT DIE »KÖNIGIN DER MEERE« ... 114

Schneller war keiner
Die legendäre »PREUSSEN« – Vorbild der »ROYAL CLIPPER« ... 130

»Eintausend Meilen Aquamarin«
Durch das Inselreich der Karibik ... 134

Galionsfigurenschnitzer
Sie geben Schiffen ein Gesicht ... 162

Dolce Vita unter vollen Segeln
Im »Land, wo die Zitronen blüh'n« ... 164

Mehr Lust auf Meer
Auf einem Klipper von Ozean zu Ozean ... 186

Junge Wilde – Wilde Alte
Mit dem Klipper zur Regatta der schönsten Yachten ... 188

Register ... 198
Impressum ... 199

Mild sind die Abende auf den Kreuzfahrtrouten, sie locken zu einem späten Bummel an Land, während der Klipper oft bis Mitternacht auf Reede liegt. Hier die »Star Flyer« vor Hydra, Griechenland.

KREUZFAHRT UNTER SEGELN

Das sanfte Abenteuer

Ich muss mich gen Meer wenden, hin zum einsamen Himmel und weiter zur See, und alles, was ich verlange, ist ein großes Schiff und einen Stern, der es lenkt.

John Masefield, Sea Fever

Das ist Seefahrtromantik pur: Wenn bei Sonnenuntergang an Bord eines Großseglers der »Star Clippers«-Reederei die Segel hochgehen und das Schiff zur Filmmusik von »Conquest of Paradise« in die warme Nacht hinausgleitet, dann gibt es an Deck kaum einen Passagier, dem nicht ein wohliger Schauer über den Rücken läuft. Manch einem steigen die Tränen in die Augen. Einige jüngere Paare stehen eng umschlungen an der Reling, einige ältere halten sich an den Händen. Kein Motorengeräusch ist zu hören, kein Dieselqualm mischt sich in die frische Brise. Stattdessen riecht man nur das Meer und hört das Rauschen der Wellen. Tampen knarren, ab und zu weht ein Kommando von der Brücke herüber. Es ist ein Erlebnis, das unter die Haut geht. Die meisten Gäste harren am ersten Abend bis weit nach Mitternacht an Deck aus, um den Sternenhimmel über dem »Ballett aus weißen Segeln« zu genießen. Selbst einer der Kapitäne gesteht: »Das Schönste für mich ist immer wieder das Auslaufen eines Schiffes. Ich empfinde dabei ein intensives Glück.«

Die Zeit der schnellen Klipper, der Vier- und Fünfmaster von einst, kehrt zurück. Allerdings mit einem Luxus und Komfort, den sich die Mannschaften von damals nie hätten träumen lassen. Die Nachfrage für eine Kreuzfahrt unter Segeln nimmt ständig zu. Je hektischer das Leben an Land, je überfüllter die traditionellen Feriengebiete, desto größer scheint bei vielen Menschen der Wunsch nach einem Urlaub der anderen Art zu sein. Auf einem Großsegler ist die Zahl von 150 oder maximal 250 Mitreisenden überschaubar. Und weil der Tiefgang dieser Schiffe viel geringer ist als derjenige der riesigen Kreuzfahrtschiffe, können sie Ziele fernab vom Massentourismus anlaufen. Winzige Inseln sind das oft, mit versteckten Buchten, romantischen Häfen und kleinen Städtchen.

Zu den eindrucksvollsten Großseglern gehören seit einigen Jahren diejenigen der »Star Clippers«-Reederei. Der Mann, der diesen Trend zu Traumreisen unter weißen Segeln früh erkannte und damit auch seinen eigenen Jugendtraum verwirklichte, ist der schwedische Reeder Mikael Krafft. Wenn er nicht gerade auf einem seiner Schiffe unterwegs ist oder mit seinem Privatjet neue Segelgebiete erkundet, steuert er seine wachsende Flotte vom Reederei-

__Rechts:__ Ein leuchtender Farbklecks treibt auf dem Wasser der Cook's Bay von Moorea: Die Blütenpracht tropischer Pflanzen der Südsee ist einmalig.

__Unten:__ »Star Flyer« bei der Einfahrt in die Phang-Nga-Bucht, Thailand.

büro in Monaco aus. In seinem Unternehmen arbeiten heute 500 Festangestellte, die Seeleute und Zeitarbeiter nicht mitgerechnet. Büros befinden sich in Paris, Brüssel, Luxemburg, Sydney und Miami. »Das ist ein großes Netz für eine kleine Reederei«, sagt Krafft. Vom vierten Stock des »Ermanno Palace« auf dem Boulevard Albert I. schaut er durch die großen Fenster gerne auf den Hafen hinab mit den vielen Motor- und Segelbooten und den Mega-Yachten der Reichen und der Superreichen. Und manchmal liegt auch einer seiner Großsegler dort vor Anker.

Schon als kleiner Junge hatte Krafft sich vorgenommen: »Du wirst einmal einen großen Klipper haben, einen von denen, die einst die Weltmeere befuhren. Aber mit allem modernen Komfort.« Als 45-Jähriger begann er, seinen Traum zu verwirklichen, ja mehr als das: Für rund 80 Millionen Dollar baute er zwei Viermast-Barkentinen, seit 1911 die ersten Schiffe dieses Typs und dieser Größenordnung. »Star Flyer« wurde im Mai 1991 in Dienst gestellt, die »Star Clipper« ein Jahr später. Im Jahr 2000 folgte die »Royal Clipper«, ein Fünfmaster. Ein weiterer Fünfmaster ist geplant.

Alle Schiffe Kraffts haben ihre historischen Vorbilder. Deren große Zeit war die Mitte des 19. Jahrhunderts: Schnittig, schlank und schnell dienten Großsegler damals als Transportschiffe im Fernhandel. Sie brachten Tee und Reis aus Asien, Kopra aus der Südsee, Kohle aus Australien, Guano aus dem Pazifik, Baumwolle aus den USA und ab 1870 Salpeter aus Chile. Ihr auffälligstes Merkmal war ihre hohe Geschwindigkeit. Bei entsprechenden Windverhältnissen ließ ein Klipper jedes andere Seefahrzeug hinter sich. »Greyhounds der Meere«, nannte sie der Marinehistoriker Carl Cutler, »mit klaren, schlanken Linien, lang und so glatt wie ein Stint«. Und sein Kollege Samuel Eliot Morison schrieb: »Sie flogen über die Meere, weiße Wolken von Leinwand wölbten sich himmelwärts, gesetzt, um jeden Windhauch einzufangen ...«

Entwickelt wurden die Vorläufer dieser Klipper in den USA – zunächst als kleine Postfrachter, meist mit nur zwei Masten. Sie segelten den langsamen, aus Europa kommenden Schiffen entgegen, um Briefe und Zeitungen schneller an Land zu bringen. Mit solchen kleinen, schnellen Seglern verdienten Schiffseigner aus Neuengland ein Vermögen, als sie auf die Idee kamen, sie im Sommer mit Eis aus den Eiskellern des Nordens zu beladen und zu den reichen Plantagenbesitzern der Karibik zu schicken. Im amerikanischen Bürgerkrieg wurden solche Segler auch als Blockadebrecher eingesetzt. Wegen ihrer Schnelligkeit war es schwer, sie zu verfolgen.

Linke Seite: *Ein Spinnennetz von Tauen und Tampen durchzieht die Segelflächen der Klipper, verwirrend für den Laien – doch jeder Seemann kann sie beim Namen nennen (**links**).*
*Ob Jung, ob Alt – am Bugspriet eines Klippers lassen sich die Passagiere gerne den Wind um die Nase wehen (**rechts**).*

Links: *Harmlos sieht der Stromboli von Bord der »Royal Clipper« aus. Der tätige Vulkan ist einer der Höhepunkte beim Törn durch die Äolischen Inseln bei Sizilien.*

Unten: *Wann immer Wind weht, wird gesegelt – wie hier in der Phang-Nga-Bucht vor Thailand.*

Typisch für die Klipper war der schlanke, stromlinienförmige Rumpf und der scharfe, nach innen gekrümmte Bug. Dieser sogenannte Sichelbug soll dem neuen Schiffstyp auch zu seinem Namen verholfen haben. »They are clipping the waves«, hieß es auf Englisch: Sie schneiden die Wellen. Einer der bedeutendsten Klipper-Konstrukteure war Donald McKay aus East-Boston. Seine 1851 gebaute »Flying Cloud« war 1783 Bruttoregistertonnen groß und legte bei gutem Wind in 24 Stunden 433 Seemeilen zurück, also ungefähr 800 Kilometer.

Bald lieferten sich Klipper-Kapitäne regelrechte Rennen. Berühmt wurde das alljährliche »Great Tea Race«: Das Schiff, das eine Ladung der neuen Tee-Ernte als Erstes aus China nach England brachte, erzielte neben einem guten Preis für seine Fracht auch eine Prämie. Mitte des 19. Jahrhunderts dauerte eine Reise von China nach London normalerweise 160 bis 200 Tage. Doch im Jahr 1849 schaffte ein amerikanischer Klipper die Strecke in nur 79 Tagen. Bei solchen Wettfahrten ließen die Kapitäne so viele Segel setzen wie möglich. Manch ein Klipper bohrte sich wegen dieser Übertakelung regelrecht in den Grund. Denn bei zu starkem Seegang tauchte der Bug des Schiffes zu tief ins Wasser ein.

In der zweiten Hälfte des 19. Jahrhunderts wurden die Klipper durch die sogenannten Windjammer (von engl. »to jam« = durchstoßen) abgelöst. Die waren nicht ganz so schnell, aber größer und deshalb wirtschaftlicher. Anfangs ging es bei den oft wochenlangen Törns noch verhältnismäßig gemächlich zu. Hauptsache, man erreichte sein Ziel und kam mit voller Ladung heil zurück. Aber dann wollte man auch wieder Geschwindigkeit. Es war die Hamburger Laeisz-Reederei, die die Transportzeiten durch den Bau immer schnellerer Segler verkürzte. Reeder Carl Laeisz schärfte seinen Kapitänen vor jeder Fahrt ein: »Meine Schiffe können und sollen schnelle Reisen machen!« Und sie waren schnell. Oft schlugen sie die Konkurrenz um Tage oder gar Wochen. Die Fünfmastbark »Potosi« etwa benötigte zwischen 1896 und 1914 für keine ihrer 22 Chile-Reisen um Kap Hoorn mehr als 86 Tage. 1904 schaffte sie die Reise von Chile nach England in der Rekordzeit von 57 Tagen.

Die beginnende Dampfschifffahrt beendete die Zeit der Fracht- und Passagiersegler. Immer mehr von ihnen wurden abgewrackt. Denn sie waren windabhängig und sie erforderten im Vergleich zu Dampfschiffen eine große Besatzung. Entsprechend teuer war ihr Unterhalt. 2007 gab es weltweit nur noch etwa 1500 größere Segelschiffe. Einige dümpeln als Museumsschiffe vor sich hin und wecken bei Besuchern nostalgische Gefühle. Andere stehen als Schulschiffe im Dienst oder wurden zu Passagierseglern umgebaut, etwa die kleine »Lili Marleen« der Deilmann-Reederei oder die Viermaster der Windstar-Reederei. Weil die 1931 als Privatyacht in Kiel gebaute Viermastbark eines Wall-Street-Brokers nach ihrem Umbau zum Luxussegler »Sea Cloud« ab 1979 so erfolgreich war, folgte ihr als Neubau im Jahr 2001 die »Sea Cloud II«.

Mit den Klippern und Windjammern von einst haben die modernen Kreuzfahrtsegler nur das schnittige Aussehen und die Takelung gemeinsam. Zum Glück. Denn die Arbeit an Bord eines Tee- oder Salpeterklippers war schwer und gefährlich, das Leben hart, die Verpflegung schlecht und eintönig, und Komfort genoss nicht einmal der Kapitän. Auf modernen Kreuzfahrtseglern ist nicht Schnelligkeit das Ziel, sondern das Wohlbefinden der Passagiere. So achten die Kapitäne eines Großseglers darauf, dass das Schiff nicht krängt, also sich unter dem Winddruck nicht auf die Seite legt. Eine Segelkreuzfahrt soll ein »soft adventure« sein, ein sanftes Abenteuer. Die Gäste sollen vom Winde »nicht verweht, sondern verwöhnt« werden und den Komfort eines schwimmenden Luxushotels genießen. Dennoch handelt es sich bei den Schiffen nicht um »Rentnergaleeren« oder »geriatrische Ferienclubs« auf See. Alle Altersgruppen sind an Bord anzutreffen, junge Paare, Hochzeiter, Flitterwöchner und natürlich auch Pensionäre. »Der gefühlte Altersdurchschnitt an Bord«, so drückte es ein Passagier aus, »liegt bei 45.« Gemischt wie die Altersgruppen sind auch die Nationalitäten. Denn Internationalität gehört ebenfalls zur Philosophie des Reeders Krafft. Auf manchen Törns sind, die Mannschaft mitgerechnet, bis zu 35 Länder vertreten. Die Bordsprache ist zwar Englisch, aber je nach Herkunft der Gäste und je nach Segelrevier kann auch Deutsch, Italienisch oder Französisch überwiegen. Krafft: »Das Eis bricht spätestens nach zwei Tagen, wenn die ersten Shanties gesungen wurden oder wenn einmal gemeinsam die Segel gesetzt wurden und jeder mit jedem mit Händen und Füßen redet.« Der Umgangston ist zwanglos, Offiziere und der Kapitän werden zwar gesiezt, aber mit Vornamen angeredet. Auch die Kleidung bei den Mahlzeiten ist sportlich-leger. Es besteht kein Krawatten- oder Jackettzwang, lediglich abends sind bei den Herren lange Hosen angesagt. Zwanglos gibt sich auch der Reeder, der gelegentlich an Bord ist, anfangs oft von den Passagieren nicht erkannt. Eine ältere Lady, der er beim Einschiffen den Koffer trug, gab ihm ein Trinkgeld – sie nahm es ihm wieder weg, als sie erfuhr, wer er war …

Leger geht es auch bei den Mahlzeiten zu. Es gibt nur einen Speisesaal, geschmackvoll eingerichtet im viktorianischen Stil, denn gegessen wird in nur einer Sitzung, ohne vorgeschriebene Tischordnung. Man sitzt an Sechser- und Achtertischen, und jeder kann sich seine Nachbarn aussuchen. Nur abends gibt es eine festgesetzte Anfangszeit – anders als auf den »See-Elefanten« mit ihren 2000 oder 3000 Passagieren, wo die nächste Gästeschicht vor den Türen des Speisesaals schon mit den Füßen scharrt. »Meine Gäste sollen sich wie auf einer exklusiven Privatyacht fühlen«, sagt Krafft. Hektik und Massenabfertigung sind an Bord Fremdwörter. Und: »Trotz allen Komforts und aller Sicherheitsvorkehrungen gilt auf meinen Schiffen das Prinzip, dass wir segeln. Segel werden so oft und mit so wenig Technik wie möglich gesetzt. Denn wir wollen unseren Gästen vermitteln, was ein Windjammer ist.«

Die Küste von Amalfi – von Bord der »Royal Clipper« aus – mal anders, als die meisten Touristen sie kennen.

Oben: *Vom Krähennest der »Royal Clipper« ein Blick aufs ferne Capri.*
Unten: *Trotz GPS – Kapitän Sergey Utitsyn verzichtet nicht auf die traditionellen Navigationsgeräte.*

Ans Ruder darf auf den Schiffen von »Star Clippers« »jeder, der mag und sich traut«, heißt es bei der Reederei. Für jeden Schmalspurkapitän, der nur die Pinne seiner Jolle in der Hand hatte, ist das etwas Erhebendes. Natürlich ist immer jemand von der Besatzung dabei, der das kontrolliert. Gäste können versuchen, die Schiffsposition mit dem Sextanten zu bestimmen und können beim Segelsetzen mit Hand anlegen, um die Kraft des Windes hautnah zu spüren. Kein Motorschiff kann das »Erlebnis Meer« so gut vermitteln wie ein Großsegler. Segelkenntnisse brauchen die Passagiere nicht zu haben. »Learning by doing« heißt die Parole. In der Captain's Hour lernen Passagiere die Grundzüge der Navigation kennen, erfahren viel über Wetterkunde, über Wind und Wolken, über den Sternenhimmel und auch darüber, wie schnell auf See aus einer Brise ein Orkan werden kann. Beim Knoten und Spleißen merkt auch der Laie, dass es zum Beispiel viel schwieriger und härter ist, Naturfaser miteinander zu verflechten als Kunstfaser. Aber die Teilnahme an solchen Kursen ist kein Muss. Wer nicht will, lässt sich einfach segeln und schaut den anderen zu.

Auch für sportliche Betätigung und Abwechslung ist gesorgt. Vom Ankerplatz des Schiffes werden einsame Inseln mit Zodiak-Schlauchboot und Tender angelaufen. Schnorchelausrüstungen für jeden Passagier gibt es an Bord. Neben Landausflügen werden Grillpartys am Badestrand organisiert. Was nicht existiert, sind Ladenstraßen, Spielautomaten oder eine schrille Animation und beim Ein- oder Ausschiffen das Gedränge von Menschenmassen.

Kraffts Philosophie zahlt sich aus. Über die Hälfte der Passagiere ist schon mehrmals auf einem der Klipper gesegelt – durch die Karibik oder das Mittelmeer, durch die Inselwelt der Andamanen oder der Südsee. Wenn so ein Törn nach sieben Tagen endet, will kaum einer der Gäste von Bord. Und manche hängen dann tatsächlich spontan noch eine Woche dran.

Wasser- statt Landurlaub

Urlaub auf dem Wasser statt an Land erfreut sich steigender Beliebtheit. 1980 machten etwa 1,5 Millionen Menschen eine Kreuzfahrt. Die meisten waren Amerikaner, die sich in Miami für einen Karibik-Törn einschifften. 1990 gab es bereits etwa 4,5 Millionen Kreuzfahrer, ebenfalls Amerikaner. Im Jahr 2000 wurde fast die Zehn-Millionen-Marke erreicht. Die Entwicklung in Deutschland verlief ähnlich rasant. Im Jahr 2005 unternahmen 600 000 Deutsche eine Kreuzfahrt, bis 2010 werden es über eine Million sein, schätzen Experten. Monika Spielberger, Chefredakteurin der Zeitschrift »Urlaub perfekt«, sagte zu den Trends 2007: »Knapp eine Million Deutsche zieht inzwischen das Schiff einem Landurlaub vor.« Die neuen Megaliner bieten eine spektakuläre Unterhaltung. Die Kabinen mit Balkon sind luxuriös wie Hotelzimmer, und auf Familienschiffen fahren Kinder gratis mit.« Großsegler dagegen kombinieren Luxus mit Land- und Küstenurlaub in oft unberührter Natur. Kreuzfahrt-Reedereien planen deshalb verstärkt, in Zukunft weitere Großsegler auf Kiel zu legen, um der wachsenden Nachfrage nach Segelurlaub zu entsprechen. Ein Problem ist jedoch, erfahrene Segelschiffkapitäne und -mannschaften zu finden.

Linke Seite: *Wenn Wind und Wetter es zulassen, dürfen die Passagiere »ihr« Schiff von einem Tender aus fotografieren. Wird da jemand neidisch?*

Oben: *Ein Fernglas gehört mit ins Reisegepäck – doch notfalls hilft die Brücke aus.*

Rechts: *Steward Blanco verwöhnt die Passagiere mit Drinks von der Tropical Bar.*

Hier werden Träume wahr: Die »Star Flyer« unter vollen Segeln in Thailands Phang-Nga-Bucht.

Großreeder in spe:
der zehnjährige Mikael Krafft mit seinem ersten, eigenen Segelboot in den Gewässern vor Stockholm.

»DER VERRÜCKTE SCHWEDISCHE LEUTNANT«

Reeder Mikael Krafft

Als andere Jungen seines Alters noch mit Schiffchen in der Badewanne spielten, besaß der zehnjährige Mikael Krafft bereits sein eigenes Segelboot – eine 18 Fuß große Jolle. Er wuchs unweit von Stockholm an der Küste auf. »Da war Wasser, da waren Inseln, Schären, Werften, Schiffe – es war faszinierend. Meine Vorfahren kamen aus Göteborg. Meine Onkel und mein Großvater waren Seeleute. In der Gegend, wo ich aufwuchs, gab es mehrere feine Schiffswerften. Dort habe ich gespielt, habe all die großartigen Yachten und Schiffe gesehen. Ich bekam den Geruch von Tau, Teer und Meer in die Nase – und wurde ihn nicht mehr los ...« Mit seinem Boot segelte er als Junge trotz elterlichen Verbots durch die Schären immer wieder nach Mariehamn. Dort lag eine alte Viermastbark als Museumsschiff – es war die »Pommern«, einer der berühmten »Flying-P-Liner« der Hamburger Laeisz-Reederei. »Die faszinierte mich ungemein. Ich schlich mich an Bord, kletterte überall herum – und sagte mir: So ein Schiff wirst du auch einmal haben!«

Um für seine wachsende Flotte und seine Passagiere neue Routen zu erkunden, ist Krafft immer wieder mit seiner Twin-Jet »Citation« in fernen Gefilden unterwegs, etwa in Asien oder entlang der mittelamerikanischen Küste. Das Fliegen erlernte er privat. Schon als Teenager hatte er einen Flugschein und diente dann in der schwedischen Luftwaffe, bis hoch zum Hauptmannsrang. »Oft fliege ich so tief, dass hinter dem Jet die Gischt aufschäumt. Und anschließend wird getaucht ...«

Der Mann mit den strahlend blauen Augen, der sportlichen Figur und der permanenten Sonnenbräune liebt das Abenteuer. Auch das Gefährliche. Als Sporttaucher verdiente er sein erstes, richtig gutes Geld. »Ich war gerade 16, als ich eine Tauchschule eröffnete. Das war damals etwa Neues. Mit meinen Kursteilnehmern fuhren wir zu den vielen Seen in Mittelschweden. Dort gab es seit 200 Jahren viele Sägemühlen. Um die zu verarbeitenden Baumstämme vor Käferbefall zu schützen, hatte man sie im See gelagert. Viele waren, mit Wasser vollgesaugt, auf den Grund gesunken und lagen dort drei bis vier Meter übereinander.« Der Schuljunge Krafft bot den Sägemühlenbetreibern 100 Kronen an »für was immer da am Grund liegt«. Mit seinen Tauchern holte er »jede Menge Holz heraus. Pro Stamm gab es 10 Kronen. Von dem Geld kaufte ich mein erstes, großes Segelboot.«

Sein Vermögen hat Mikael Krafft nicht ererbt, sondern er hat hart dafür gearbeitet. »In der Schule gehörte ich zu den Typen, die mit einem Minimum an Anstrengung versuchen, die nächste Klasse zu erreichen. Aber in Schweden musste man mindestens drei Jahre Französisch gehabt haben, um das Abitur machen zu können. Ich hasste Französisch, musste in den Sommerferien immer Nachhilfeunterricht nehmen.« Krafft büffelte Tag und Nacht und schaffte das Abitur. Drei Jahre war er dann bei der schwedischen Luftwaffe, studierte in seiner Freizeit Jura und später in Genf Internationales Recht und Seerecht. »Ich dachte nämlich: Entweder arbeitest du für einen Reeder – oder du wirst selbst einer.«

Mit dem in Stockholm erworbenen rechtswissenschaftlichen Diplom ging er dann nach Paris. »Ich war plötzlich fasziniert von Frankreich. Vier Jahre lebte ich in der Seine-Stadt.« Krafft korrigiert sich schnell: »Na ja, eigentlich waren es acht Jahre. Können Sie sich das Leben eines Junggesellen in Paris vorstellen? Ich jedenfalls lebte vier Jahre am Tag und vier Jahre nachts. Dabei fand ich heraus, dass die Franzosen nicht nur gute Schiffe bauen, sondern auch schöne Frauen haben!«

Neben der Arbeit in einer großen, internationalen Anwaltsfirma »machte ich auch allerhand leichtsinnige Sachen. Ich war mit 15 oder 16 Jahren Fallschirmspringer, als der Sport noch ganz jung war. In Frankreich gehörte ich zum ›Sky Diving Team‹. Wir gaben Schauvorstellungen. Da war ich 23 oder 24. Ich wollte an den Wochenenden etwas tun, ich vermisste das Meer. So flog ich dann für die französischen Fallschirmspringer die Maschine. Ich setzte mich in meiner Militäruniform mit Sternen und Epauletten an den Steuerknüppel. Das sah richtig professionell aus. So verdiente ich etwas Geld, ich war ja immer knapp bei Kasse, hatte lediglich einen hübschen Sportwagen. Manchmal sprang auch ich, und ein anderer flog die Maschine. Wir waren alle etwas durchgeknallt. Vor der Show wurde manchmal gefeiert, und den Fallschirm zu packen wäre in dem Zustand zu gefährlich gewesen. Also klemmte man den offenen Fallschirm einfach unter den Arm – und sprang damit ab. Ich habe auch als Stuntman gearbeitet, bin außen an ›fliegenden Kisten‹ herumgeturnt. Man nannte mich schließlich den ›verrückten schwedischen Leutnant‹.«

Vielleicht ist Krafft gerade deswegen »ein Reeder zum Anfassen«, ohne Starallüren oder Imponiergehabe. Seinen Kapitänen gibt er Anweisung in

Oben rechts: *Königin Silvia von Schweden tauft in Monaco eine »Königin der Meere« auf den Namen »Royal Clipper«.*
Rechts: *Reeder und auch Sportler: Mikael Krafft ist Segler, Scuba-Taucher, Pilot und Fallschirmspringer.*

ruhigem Ton, stets verbunden mit den kleinen Worten »bitte« oder »danke«. Ebenso höflich ist er zur Crew. Außer Französisch spricht Krafft neben seiner Muttersprache auch Englisch und Deutsch. »Allerdings nicht so gut, obwohl meine Vorfahren aus Deutschland kamen. Mein Urgroßvater war Seemann, der ging in Schweden von Bord und blieb da. Schicken Sie mir eine schöne Deutschlehrerin, dann lerne ich die Sprache sehr schnell!«
In Schweden fand Krafft nach seinem Jurastudium eine Anstellung bei einer der größten Anwaltsfirma des Landes. Er kümmerte sich um kleine Reede-

Auf einer Pressekonferenz in Monaco stellt Reeder Krafft das Modell seines nächsten Großseglers vor: eines Fünfmasters, gebaut nach dem Vorbild der berühmten »Preussen«. Den Ringfinger hat er sich kurz zuvor beim Tauchen verletzt.

Royal Clipper Deckplan

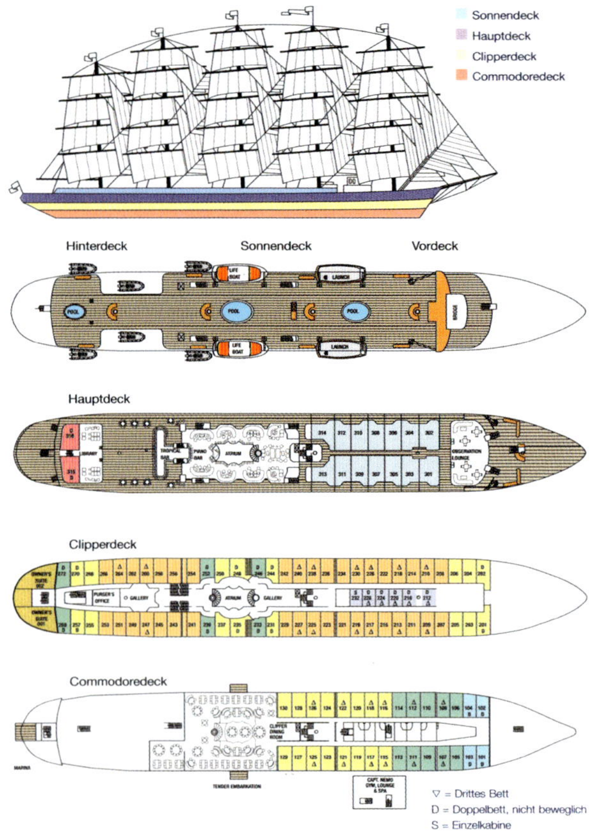

Technische Daten

Tonnage:	5,000	Stabilisatoren:Anti-roll tanks	STAR CLIPPERS behält sich das Recht vor, bei schlechten Wind- oder Wetterkonditionen mit Motorkraft zu fahren, um die Routenplanung einhalten zu können.
Länge:	134m	5 Masten, 42 Segel	
Breite:	16m		
Tiefgang:	5.6m	Klassifiziert: DNV ✠1A1+	
Segelfläche:	5,000m2		
Masthöhe:	54m	Registriert: Luxemburg	
Besatzung:	106		
Passagier Kapazität:	227		

EIGNER SUITE

Clipperdeck
Super-Deluxe-Außensuite mit Bullauge, je ein Doppelbett im Schlafzimmer und im getrennten Wohnbereich, Minibar. Mamorbad mit Whirlpool, Duschbad und Room Service. 33 qm.

DELUXE SUITE

Hauptdeck
Deluxe-Außensuite mit eigenem Balkon .Zwei nebeneinanderstehende Betten (zum Doppelbett verschiebbar), Minibar, Kühlschrank, eigenes Marmorbad mit Whirlpool und Room Service. 19 qm.

KATEGORIE 1

Hauptdeck
Deluxe-Deckkabinen mit Fenster, festes Doppelbett, Minibar, Mamorbad mit Whirlpool, direkter Zugang vom Deck. 19 qm.

KATEGORIE 2

Clipperdeck
2-Bett außen Superior, Die Betten können getrennt oder zusammengestellt werden. Dusche/WC. 14 qm.

KATEGORIE 3

Clipperdeck & Commodoredeck
2-Bett außen Standard, Kabinen mit flexibel zu stellenden Einzelbetten oder mit festem Doppelbett buchbar. Dusche/WC. 14 qm.

KATEGORIE 4

Clipperdeck & Commodoredeck
2-Bett außen Standard, Kabinen mit flexibel zu stellenden Einzelbetten oder mit festem Doppelbett buchbar. Dusche/WC. 14 qm.

KATEGORIE 5

Commodoredeck
2-Bett außen Standard . Alle sind mit einem festen Doppelbett ausgestattet. Dusche / WC. 11 qm.

KATEGORIE 6

Clipperdeck
Innenkabinen . Alle Kabinen sind mit einem festen Doppelbett ausgestattet . Dusche / WC. 10 qm.

reien, die Probleme mit ihren Banken hatten. »Ich hatte einen Haufen Ideen, wie man sie vor dem Bankrott retten könnte. Die Banken akzeptierten meine Vorschläge – und in sechs bis zwölf Monaten hatten wir meist das Steuer herumgerissen, die Reedereien konnten ihre Kredite zurückzahlen.«

Dann, 1976 hatte er die Chance, Teilhaber und Präsident einer dieser Reedereien zu werden. In den folgenden Jahren kaufte er weitere Reedereien auf. »Schließlich, so um 1986, besass ich zehn Frachtschiffe, die nordeuropäische Häfen anliefen, hatte Waldbestände usw. usw. Na ja, ich hatte Glück, ich war erfolgreich und machte einiges Geld ...«

Also doch ein »Selfmade-millionaire«? »Ach, ich weiß nicht, ob man das so sagen kann. Mein fabelhaftes Umfeld, in dem ich aufwuchs, meine Eltern, meine Französischlehrerin – all das hat sicher dazu beigetragen.« Zu diesem Umfeld gehört heute seine Frau Anne, die Krafft nach der Rückkehr aus Paris heiratete. »Wir sind im gleichen Ort aufgewachsen, waren als Kinder öfter zusammen segeln. Sie war die beste Freundin meiner jüngsten Schwester.« Anne Krafft kümmert sich heute um das Innenleben der Schiffe ihres Mannes, um Raumausstattung, die Dekorationen, das Aussehen der Tische im Speisesaal. Sohn Eric (Jahrgang 1975) studierte Elektronik in Moskau, war anschließend

Reeder Krafft bei der Taufe der »Royal Clipper«. Rechts hinter ihm Königin Silvia, hinter ihm seine Frau Anne sowie Tochter Marie und Sohn Eric.
***Unten rechts:** Maritimer Wandschmuck auch am Firmensitz in Monaco.*

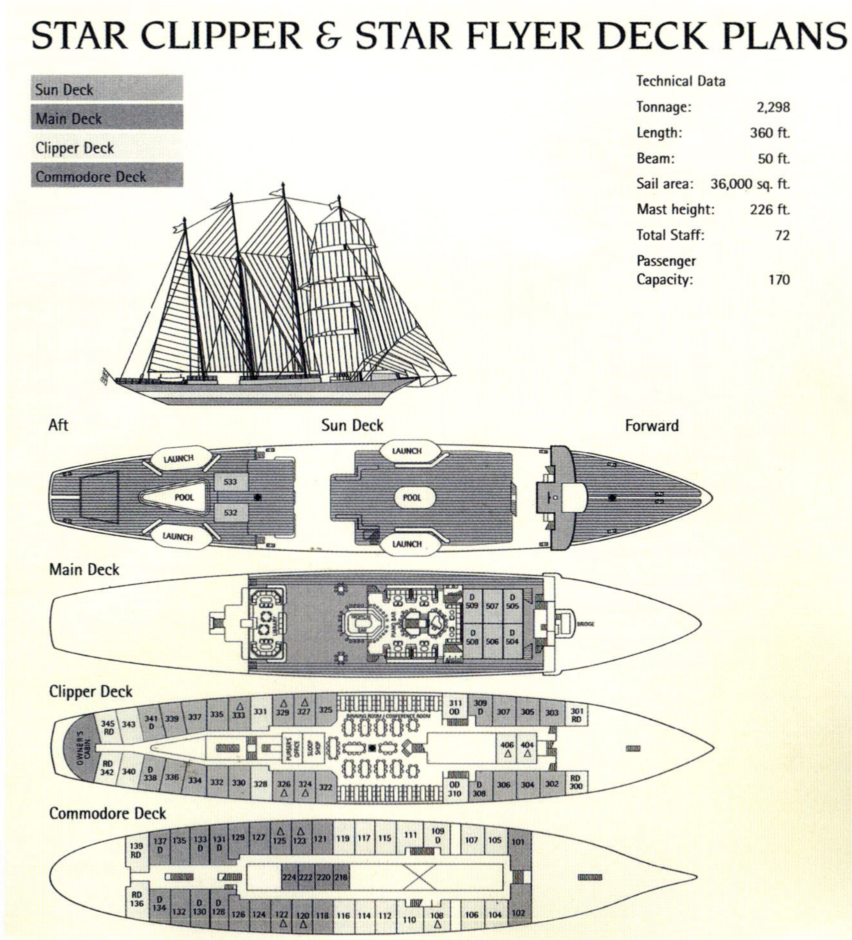

für eine Investmentbank in London tätig und arbeitet seitdem für »Star Clippers«. Tochter Marie (geboren 1979) sammelte in Deutschland Erfahrung in der Hotellerie und arbeitete später an Bord der Clipper-Schiffe in verschiedenen Positionen, unter anderem als Cruise Director und Hotelmanager. Sie kümmert sich aber auch um die in Schweden liegende Privatyacht ihres Vaters, einen klassischen Schoner, über den er sagt: »Wenn wir damit Regatta segeln, sind 35 Mann an Bord. Meinen Kindern habe ich immer geraten: Tut nicht, was jeder andere auch tut. Folgt nicht der Masse, verwirklicht eure Träume!«

1986 setzte Krafft alles auf eine Karte. »Ich verkaufte meine Wälder, meine Schiffe und zog nach Brüssel. Dort startete ich eine Baufirma und baute Häuser im Beneluxraum. Der Grund: Wenn man in Belgien auch Schiffe baute, konnte man sie gegenüber den Gewinnen im Immobiliengeschäft abschreiben. Als ich meine Banker über meinen Plan informierte, einen Viermaster zu bauen, sagten sie nur: ›Du bist verrückt‹. Auch die Versicherungen wollten erst nicht mitziehen. Aber ich wusste, was ich wollte!«

Sein schönstes Erlebnis? Lachende Gegenfrage: »Sprechen Sie von Frauen?« Dann die Antwort: »Also, als an der ›Royal Clipper‹ die Segel hochgingen, als wir in der Biskaya bei der Jungfernfahrt in einen ausgewachsenen Sturm gerieten und 17 Knoten machten – da war das ebenso aufregend wie mein erster freier Fall aus dem Flugzeug ... Und noch aufregender war es, als ich bei einer Regatta mit einer Segelyacht im Sturm fast über Bord gegangen wäre.« Bei allen ehrgeizigen oder auch riskanten Plänen und Abenteuern hilft ihm seine persönliche Philosophie. »Ich bin Optimist. Wenn etwas schief geht, sage ich mir: Es hätte schlimmer kommen können ... Ich mag Menschen –, aber am meisten mag ich das Meer. Es ist meine große Liebe und wird meine letzte Liebe sein.«

Da liegt die Frage nahe: »Wie möchten Sie sterben?« – Ohne Zögern kommt die Antwort: »Auf See ...«

Für Passagiere tabu:
Unter vollen Segeln trauen sich nur Besatzungsmitglieder auf den Bugspriet der »Royal Clipper«.

»STAR FLYER« UND »STAR CLIPPER«

Ziel ist das Schiff – erst dann kommt die Route

Als Mikael Krafft im Jahr 1991 seine »Star Flyer« und ein Jahr darauf die »Star Clipper« vorstellt, staunt selbst die Fachwelt. Es sind seit 1911 die ersten, neu gebauten Schiffe dieses Typs und dieser Größenordnung. 115 Meter ist ein jedes lang, etwa doppelt so groß wie ein Jumbojet, 15 Meter breit und hat eine Verdrängung von 2300 Bruttoregistertonnen. Gebaut wurden sie nach alten Plänen von Donald McKay. Die Schwesterschiffe verbinden in ihrer Bauweise Tradition mit Gegenwart, sind eine gelungene Mischung aus traditionellem Segel- und modernem Kreuzfahrtschiff. Ihre Fracht sind nicht mehr Tee oder Kopra, sondern Passagiere, die im Luxus eines Sternehotels Segelromantik erleben wollen. Krafft: »Ich möchte für meine Gäste eine möglichst perfekte Mischung aus Nostalgie und Abenteuer, aber der Komfort darf nicht fehlen.« Ziel ist für viele Gäste deshalb das Schiff. Erst danach kommt die Route.

Wo bei den historischen Klippern und Windjammern die Frachträume lagen oder Matrosen im Dunkel unter Deck in Hängematten schnarchten, befinden sich auf der »Star Flyer« und »Star Clipper« jeweils 85 moderne Innen- beziehungsweise Außenkabinen unterschiedlicher Kategorie, aber alle mit zwei Betten. Statt über Eck oder gar übereinander stehen sie nebeneinander beziehungsweise lassen sich zusammenschieben. Schließlich kommen ja auch Flitterwöchner an Bord. Dazu gibt es eine Eignersuite auf dem Hauptdeck, die über Doppelbetten, einen getrennten Wohnbereich und ein Marmorbad mit Whirlpool verfügt. Jeder Gast kann sie mieten, falls der Eigner sie nicht gerade selbst nutzt.

Platz ist an Bord für »nur« 170 Passagiere. Dazu kommen 70 Besatzungsmitglieder. Rechnerisch bedeutet das: 2,5 Gäste werden direkt oder indirekt von je einem dienstbaren Geist betreut. Außer dem Kabinen- und dem Restaurant-Steward bekommen die Passagiere diese unsichtbaren Helfer kaum zu sehen. Damit diese nicht zu kurz kommen, gibt es in der Mappe mit den Schiffsinformationen auch einen diskreten Hinweis für die Trinkgeldregelung.

In den Kabinen ist für die Garderobe ausreichend Stauraum vorhanden. Ein Safe, ein Fernseher für das Bordprogramm und ein Satellitentelefon ver-

Ein Klipper steckt voller Fotomotive, das weiß auch Bordpapagei Celesta.

***Oben:** »Steuermann, halt die Wacht!« Aber auch Passagiere dürfen auf den Klippern ans Ruder.*

***Rechts:** Auch vor der Küste Griechenlands weht meist ein guter Wind. »Star Flyer« vor Hydra in der Ägäis.*

STAR
CLIPPER

Linke Seite: *Vor einem Bad im Pool steht am ersten Tag auf See als Pflichtübung für alle der Rettungsdrill.* **Oben:** *Mitglieder der Crew schauen lachend zu.*

vollständigen die Einrichtung. Ein Reisender, der schon sieben Törns auf verschiedenen Kreuzfahrtschiffen hinter sich hatte, kommentierte im Internet auf der Website »Kreuzfahrer für Kreuzfahrer«: »Kabine: Gut!!!! Klein, aber alles da. Und die Nasszelle in Ordnung. Ich leide unter Platzangst, habe aber kein Problem gehabt. Und für den dicken Koffer gibt es den Stewart, der ihn irgendwohin bringt. Klappt einwandfrei.« »Star Flyer« und »Star Clipper« besitzen eigene Entsalzungsanlagen für den gesamten Wasserbedarf an Bord, als Getränk gibt es jedoch Mineralwasser. Und der Müll wird keineswegs ins Meer gekippt, sondern gesammelt und an Land entsorgt.

Der Speisesaal wirkt intim wie auf einer Luxusyacht – und ist doch so geräumig, dass alle Passagiere und Offiziere samt Kapitän gleichzeitig darin Platz finden. Morgens gibt es ein reichhaltiges Buffet für Früh- und Spätaufsteher. Gäste und Offziere sitzen an Sechser- und Achtertischen, jeder kann sich Nachbarn seines Geschmacks aussuchen. Auch mittags bedient man sich selbst an den »Fleischtöpfen« des Restaurants, wobei die Gerichte häufig auf die Küche der Region abgestimmt sind. Manchmal wird mittags auch auf dem Sonnendeck ein kleines Barbecue geboten. Nachmittags zur Teatime werden Häppchen serviert. Tee oder Kaffee gibt es den ganzen Tag über. Wer will, zieht sich in die gut ausgestattete, geschmackvoll getäfelte Bibliothek mit Internetanschluss zurück. Lediglich zum Abendessen bevorzugen manche Gäste einen »festen Tisch«, um sich von »ihrem« Stewart verwöhnen zu lassen. In den Stunden nach dem Abendessen sind die Tropical Bar auf dem offenen Deck oder die geschützt dahinter liegende Pianobar ein beliebter Aufenthaltsort. Da kommt es dann auch schon mal vor, dass ein Gast die Mitreisenden mit Gesang am Klavier begleitet. Einem solchen Alleinunterhalter sagte eine Amerikanerin einmal anerkennend: »Hey, you could make some money with it.« Sie konnte ja nicht ahnen, dass es sich um einen prominenten deutschen Fernseh-Entertainer handelte, der gerade Urlaub machte …

An Deck ist alles blitzblank, das Mahagoni der Reling erstrahlt im Hochglanzlack, die Decksplanken wirken wie frisch gelegt, überall funkelt Messing. Zwischen Tauwerk, Masten und den beiden kleinen Swimmingpools bleibt genug Platz für Liegestühle, sodass die in Hotelanlagen oft übliche Handtuchschlacht entfällt. Nur gelegentlich muss man etwas rücken, wenn ein Segel gesetzt oder gerefft wird. Denn im Gegensatz zu den Großseglern von einst sind dazu nicht 50 oder 60 Matrosen notwendig, sondern dank elektrischer Winden schaffen das acht bis zehn Mann. Dieses Rollsegelsystem geht auf eine französische Entwicklung von 1880 zurück. Gesegelt wird, wann immer Wind weht – allein schon um Treibstoff zu sparen. Laut Reederei kann man in der Karibik 80 Prozent eines Tagestörns segeln, im Mittelmeer 45 Prozent und in der Nordmonsunzeit vor Thailand ebenso. Die Motoren werden nur eingesetzt, um Zeitpläne einzuhalten. Bei ruhiger See lässt der Kapitän regelmäßig zwei Tender zu Wasser, in denen seine Gäste das

Oben: Kabinenkontrollbrett (**links**) und Luxusnasszelle (**rechts**).
Unten: Ganz englisch – eine Klipper-Bibliothek. Ganz rechts eine Kabine der Kategorie eins.

voll getakelte Schiff umrunden können, um zu filmen und zu fotografieren. Es sind neiderregende Aufnahmen für die Daheimgebliebenen – oder zur Erinnerung an unvergessliche Stunden unter weißen Segeln. Schon der französische Romancier Honoré de Balzac hatte gesagt, es gäbe »nichts Schöneres als eine tanzende Frau und eine Fregatte unter Segeln« ...

Von schwierigen oder gar waghalsigen Manövern merken die Passagiere kaum etwas. Doch Romantik und Geschichtstreue leiden darunter nicht. Ab und zu klemmt auch mal etwas in der Takelung. Dann müssen die Rigger in die Wanten, schwindelfreie Matrosen, die gut abgesichert 30 Meter hoch in die Mastspitzen klettern. Die meisten von ihnen haben auf russischen oder ukrainischen Schulschiffen ihre Ausbildung erhalten und gehören zu den bestbezahlten Mitgliedern der Mannschaft.

Auch die Brücke ähnelt auf beiden Schiffen den historischen Vorbildern. Jeder Passagier ist dort willkommen, kann Fragen stellen oder sich den Un-

Côtes de Provence

STAR CLIPPERS

terschied zwischen einem Großfischermann und einem Unterbramsegel erklären lassen. Oder dass die Rollen, mit denen die Segel umgeleitet werden, bei den Seeleuten früher auch Witwenmacher genannt wurden. Wenn so ein Block bei Sturm durch die Luft sauste, konnte er schon mal jemanden erschlagen. Wer aber nun meint, die Brücke würde aussehen wie das Cockpit von einem Airbus, wird vom nostalgischen Aussehen angenehm überrascht sein. Zwar gibt es Radar und GPS – denn Sicherheit wird großgeschrieben – aber auch der gute alte Sextant fehlt nicht. Und der wird auch regelmäßig benutzt. Aus Sicherheits- und Kostengründen sind auch die Schiffsrümpfe und Masten aus Stahl – eine Bauweise, die schon in England bei den Windjammern eingeführt wurde. Doch davon sehen die Passagiere nichts, denn Teakplanken und Mahagonitäfelungen überwiegen. Krafft: »Wir sind eben stark von der deutschen Großseglertradition beeinflusst, und haben versucht, so viel wie möglich davon in unsere Schiffe einfließen zu lassen.« Das galt lange Zeit auch für die Auswahl der Kapitäne. Einige kamen von der »Gorch Fock«, andere von der Bundesmarine. »Die Ausbildung deutscher Kadetten ist wirklich immer hervorragend gewesen«, so Krafft. Doch leider gibt es immer weniger, die mit Großseglern Erfahrung haben. So holt sich Krafft seine Schiffsführer zunehmend aus Ländern des ehemaligen Ostblocks, was die gewünschte Internationalität an Bord noch weiter erhöht.

Der Internetuser namens »Muskatnuss«, der sich so lobend über seine Kabine äußerte, bewertete jedenfalls seine Reise auf der »Star Clipper« in den meisten Kategorien mit der Note 1 (»nicht mehr zu toppen«). Seinem Gesamterlebnis gab er die Note 1,6. Und über das Ausschiffen schrieb er: »Einfach und ... schmerzlich. Leider ging die Reise zu Ende.«

Zu den Mahlzeiten – ob an Deck oder im Speisesaal – verwandelt sich jeder Klipper in ein schwimmendes Schlaraffenland.

*Durch Bullaugen im Swimmingpool ein Blick auf die Bar (**unten**). Rum und Reggae: Oft kommen Folklore- und Musikgruppen an Bord, wie hier in Falmouth Harbour von Antigua eine Steel Drum Band (**rechts**).*

***Linke Seite:** Mehr Meer sieht man vom Krähennest aus – auf der »Star Clipper« vor den Virgin Islands der Karibik.*

Und bei Sonnenuntergang warten die Passagiere auf den legendären »grünen Blitz«, mit dem das letzte Tageslicht verglüht.

Die Hagia Sofia ist die berühmteste Sehenswürdigkeit Istanbuls – und die Dachterrasse des »Four Seasons« einer der schönsten Orte, um die Moschee bei Nacht zu bestaunen.

»BLAUE REISE« DURCH DIE ANTIKE

Eine Kreuzfahrt zu den schönsten Orten der Ägäis

In der Abenddämmerung kratzen die Minarette der Altstadthügel von Istanbul scherenschnittscharf am gelblichen Horizont, während sich die Moscheen sanft in den Safranhimmel hineinwölben. Die fröhlichen Alleinunterhalterweisen des Bordmusikanten wehen nur zart auf das obere Deck und vermischen sich mit dem entfernten Muezzin-Ruf, den ein schwacher Südwind über das Goldene Horn trägt – begleitet vom Duft der schwimmenden Fischbratküchen, die vor der Kaimauer schaukeln.

Die »Star Flyer« liegt im Hafen Karaköy vor Anker, wo sie den Tag über beladen wurde mit Champagner und Hummer, mit Gewürzen, Milch und Eiern – eben allem, was die Küchencrew in den nächsten Tagen benötigen wird, um die Passagiere gebührend zu verwöhnen.

Diese haben sich währenddessen vorsichtig ins Getümmel der mehrstöckigen Galata-Brücke gewagt, entlang der unteren Galerie, in deren Restaurants türkische Familien mit ihren verschleierten Töchtern Fisch essen und Cola Turka trinken, während in den Bars gleich nebenan Mädchen in bauchfreien Trägertops von ihren sonnenbebrillten Begleitern Gin Tonic spendiert bekommen. Elektronische Musik, zu der man auf Ibiza den Sonnenuntergang betanzt, lehnt sich dezibelstark gegen Schalmei und Darbuka auf.

Jenseits des glitzernden Wassers, gleich hinter der Yeni-Moschee, haben die Blumen- und Vogelhändler des ägyptischen Basars ihre Stände aufgestellt. Drinnen in der L-förmigen Halle duftet es nach Kaffee und Tee, nach allerlei Kräutern und Gewürzen. »One gram safran, one gram Plastiktüte«, sagt der

Rechts: *Ein Juweliergeschäft in Istanbuls Großem Bazar, einer kleinen Stadt für sich. In den überdachten Gassen sind die Geschäfte nach Sparten geordnet, sodass man sich durchaus zurechtfinden kann.*

Ganz rechts: *Ein Fischerboot vor der »Taubeninsel« von Kusadaşı mit ihrer beleuchteten Festungsmauer.*

Unten: *Die »Star Flyer« hat sich herausgeputzt und fährt jetzt unter vollen Segeln, also mit fast 3500 Quadratmetern Segelfläche.*

schnauzbärtige Verkäufer, der seinen angeblich so seltenen türkischen Safran abwiegt, »I'm honest.« Nebenan werden blaue Glasarmbänder feilgeboten, die gegen den bösen Blick helfen sollen, und einen Stand weiter orientalisch-bunte Spitzpantoffel von Größe »Säugling« bis »Riese«.

Am späten Abend legt die »Star Flyer« ab, lässt die beleuchteten Minarette und Moscheen hinter sich und schaukelt die Passagiere auf der Fahrt durch das ruhige Marmarameer sanft in den Schlaf.

Am östlichen Ende dieses Binnenmeeres führt der Bosporus, eine 30 Kilometer lange Engstelle, ins Schwarze Meer. Am westlichen Ende – und dorthin wendet sich unser Schiff – liegen die Dardanellen, die das Marmarameer mit der Ägäis verbinden. Ein strategisch wichtiger Punkt also, der über die Jahrtausende hinweg entsprechend hart umkämpft war. Die schwerste Schlacht war die von Gallipoli im Ersten Weltkrieg. Die Entente-Mächte wollten die Halbinsel besetzen, um von dort aus die osmanische Hauptstadt Istanbul einzunehmen, wurden jedoch vom Osmanischen Reich und seinen Verbündeten, darunter Deutschland, zurückgeschlagen. An die Hunderttausende von Toten erinnern heute Gedenkstätten in einem Nationalpark.

Gegen Mittag tuckert ein rostiges Schiff auf die »Star Flyer« zu und bringt den Lotsen an Bord. An der schmalsten Stelle der Dardanellen liegt nur gut ein Kilometer Wasser zwischen den Hügeln Europas auf der einen und denen Asiens auf der anderen Seite, und die Verkehrsdichte ist hoch. Durch diese Engstellen hilft der Ortskundige. Die Passagiere dösen auf den Liegestühlen an Deck und blinzeln hin und wieder in die Sonne, wenn die Kreuzfahrtdirektorin auf ein Mahnmal oder eine Burg hinweist. Am späten Nachmittag entlässt der Lotse die »Star Flyer« in die Weiten der Ägäis, das Schiff schwankt plötzlich stärker, und kleine Schaumkrönchen tanzen auf den Wellen.

»Der Kapitän hat jetzt den ›Fisherman‹ gesetzt, das größte Segel der Welt«, meldet die Kreuzfahrtdirektorin. Jetzt also darf die »Star Flyer« zeigen, was sie kann: Der Großsegler neigt sich theatralisch nach Backbord. »Das sind zwölf Grad«, sagt der Kapitän. »Noch drei mehr, und wir haben den ›angle of panic‹ erreicht, den Neigungswinkel, bei dem es die meisten mit der Angst zu tun bekommen.« Die Gischt spritzt, das Schiff hat schwer Fahrt aufgenommen, und um von Backbord nach Steuerbord zu gelangen, muss man richtig bergauf gehen. Auch wenn es manchen Passagieren etwas mulmig ist, macht sich doch eine allgemeine Begeisterung, fast eine Euphorie, an Deck breit. Nur die Kinder, die aus dem Pool müssen, weil das Wasser sie kräftig hin und her wirft, sind sauer. Und eine ältere Amerikanerin klagt: »Wie bringe ich nur John bei, dass so was auf diesem Schiff hier okay ist, aber nicht auf unserem 7-Meter-Boot?«

»Es rauscht wie Freiheit. Es riecht wie Welt. –
Natur gewordene Planken
Sind Segelschiffe. – Ihr Anblick erhellt
Und weitet unsre Gedanken.«

Joachim Ringelnatz

Das Sonnendeck mit seinen beiden Pools ist wahrscheinlich der schönste Ort des Schiffes: Auf 115,5 Metern Länge und 15 Metern Breite trifft sich »die Familie« der Passagiere zum Planschen und Plaudern, zum Schauen und Staunen, zum Lesen und Lachen – und zum Mastklettern, um das gesamte Schiff einmal von oben betrachten zu können.

Links: *Auch wenn einen Teil der Arbeit auf den modernen Segelschiffen elektrische Winden übernehmen, wird dennoch einiges von den Matrosen mit Muskelkraft bewerkstelligt. Und wenn der Wind auffrischt, haben sie alle Hände voll zu tun.*

Unten: *Patmos gehört zum griechischen Archipel des Dodekanes in der östlichen Ägäis. Den herrlichen Blick hinunter auf die Bucht, in der winzig klein die »Star Flyer« schaukelt, bietet der Pilgerweg hinauf zum Johanneskloster, das seit 1999 als Weltkulturerbe der UNESCO geführt wird.*

Ganz oben links: Der Blick hinauf in die Rahen, wie die horizontalen Masten genannt werden, ist beim Segelsetzen besonders eindrucksvoll. Und wenn dann der Wind in die Segel fährt, ist das Seemannsglück perfekt. ***Oben:*** *Ein alter Mann mit seinem Pferdewagen gönnt sich eine Pause bei Tee und Schmalzgebäck.*

Unterdessen haben zwei Stockwerke tiefer der Restaurantchef und sein Team alle Hände voll zu tun, denn zu dieser Zeit sind bereits die Tische im Dining Room gedeckt. Wenn der Wind sich dann ohne Vorwarnung in die Takelage fallen lässt, beugen sich ihm auch Teller, Gläser und Blumenschmuck … Doch wie von Zauberhand ist später zum Dinner immer alles bereit – vom frischen Karottensüppchen über ein butterzartes Entrecôte bis hin zum Hummer beim Captain's Dinner.

So weit ist es jedoch noch nicht, denn noch steht die »Star Flyer« am Anfang ihrer »blauen Reise« die türkische Westküste entlang nach Süden, vorbei an Dikili, Kusadaşı und Bodrum, und schließlich über die Inseln Patmos, Delos und Mykonos nach Athen.

Am Morgen ankert das Schiff an der Pier von Dikili, einer verschlafenen Kleinstadt, die den meisten ausländischen Touristen lediglich als Ausgangspunkt für den Besuch der berühmten antiken Stätten von Pergamon dient. Türkische Gäste hingegen machen in dem geruhsamen Städtchen gerne Ferien.

Unter den Eukalyptusbäumen und Tamarisken direkt am Anleger sitzen Männer beim Tee, während Frauen an den Marktständen nebenan um fangfrischen Fisch fürs Mittagessen feilschen. Fliegende Händler mit Sesamkringeln, Zigaretten, Kugelschreibern und Lotterielosen trödeln vorbei, und im Schatten der Bäume döst ein alter Mann neben seinem klapprigen Pferdewagen.

Nach Bergama, wie Pergamon heute heißt, fährt man durch eine sonnenverbrannte Ebene, zwischen goldgelben Distelfeldern und kleinen Olivenhai-

Mitte: »Gulets« heißen die traditionellen Motorsegler, die in der türkischen Ägäis von Bucht zu Bucht kreuzen und ihre Gäste mit auf eine »blaue Reise« nehmen – an die schönsten Orte der Gegend. Rechts: Die Bauchtänzerin ist vor allem für die männlichen Passagiere auf der »Star Flyer« die Hauptattraktion des türkischen Folkloreabends.

nen hindurch. Eine Ölmühle erkennt man von Weitem am Geruch, den der Trester, der sich nach der letzten Pressung draußen an der Sonne anhäuft, über das Land verbreitet.

Auf dem Weg hinauf zur Akropolis von Pergamon durchquert man den alten Teil Bergamas, der früher oder später neuen Grabungen wird weichen müssen. Neubauten gibt es hier nicht, weil unter den bunten Schachtelhäusern mit den urigen Dachpfannen weitere Relikte der alten Kulturen schlummern.

Die Passagiere der »Star Flyer« wissen, dass der berühmte Pergamon-Altar nicht hier auf dem Burgberg, sondern auf der Berliner Museumsinsel zu bestaunen ist, doch allein der Ort, über den sich duftende Kiefern erheben, ist sehenswert – der Blick hinunter auf die endlose Weite lässt die Besucher andächtig werden. Und erst das Trajaneum, die größte Sehenswürdigkeit auf der Akropolis, ein monumentaler Tempel, der mit seinem strahlenden Marmorweiß einst die Krone des Hügels war, und das Theater am steilen Südwesthang, in dem mehr als 10 000 Zuschauer Platz fanden – ihnen muss die Wahl schwer gefallen sein zwischen der großartigen Aussicht hinab ins Tal und dem Blick auf das Bühnengeschehen.

Auf einem Plateau oberhalb des Theaters ragt aus dem heißen, staubigen Boden ein einzelner Olivenbaum in den Himmel. An die unteren Zweige sind kleine Papierstückchen geknotet – Taschentücher oder Servietten. Die Tochter einer türkischen Familie, die im Schatten des Baumes rastet, erklärt

Links: *Unweit von Dalyan, wo die »Star Flyer« ankert, liegen die Lykischen Felsengräber von Kaunos. Der unzugängliche Ort hoch über dem Fluss wurde im 4. Jahrhundert v. Chr. gewählt, um die ewige Totenruhe zu garantieren.*

Oben: *Sehr beliebt sind die Schlammbäder bei Dalyan – sie sollen wegen ihres Kalzium-, Magnesium- und Schwefelgehalts wohltuend für die Haut sein.*

Oben: Das »Große Theater« von Ephesos gehörte mit etwa 25 000 Sitzplätzen zu den größten der Antike. Von der obersten Reihe, 30 Meter über der Orchestra, genießt man einen herrlichen Blick über die ausgegrabene Stadt.

Rechts: Der Hadrian-Tempel mit seinen wunderbaren Reliefs wurde zu Ehren des römischen Kaisers gebaut, der Ephesos sehr wohlgesonnen war und auch die beschwerliche Reise von Athen her auf sich nahm. In der Mitte des Bogens ist vermutlich Tyche, die Stadtgöttin von Ephesos, abgebildet.

in köstlich-kehligem Tiroler Dialekt, diese Papierstücke kämen den Kerzen gleich, die man in einer Kapelle in den Bergen aufstellt. Fromme Wünsche eben, die der Wind dann hinaus in die Welt trägt. »Mir sin von Tirol«, fügt sie erklärend hinzu.

Tags darauf fällt es den meisten Passagieren nicht schwer, sich nach dem vormittäglichen Badeausflug in die Bucht von Çamlimanı zwischen dem Shoppingparadies von Kusadaşı und dem Besuch von Ephesos zu entscheiden. Schließlich gehört Letzteres zu den berühmtesten Stätten der Antike. Der Ort nimmt seine Besucher mit auf eine Reise in die Zeit, als vor Tausenden von Jahren Menschen in weißen Gewändern die marmorne Kuretenstraße hinunterwandelten, vorbei an herrlichen Tempeln und den luxuriösen Hanghäusern, deren sensationell erhaltene Mosaikfußböden man heute wieder besichtigen kann. Gelehrte trafen sich einst auf dem Platz vor der weltberühmten Celsus-Bibliothek, der knapp 2000 Jahre später ein gänzlich anderes Publikum bekommen sollte: »Als ich klein war«, so erzählt eines der türkischen Crewmitglieder später, »spielten wir auf dem Platz vor der Bibliothek Fußball. Das Tor zur Agora war auch unser Tor.«

»Nichts ist beständig außer dem Wandel.«
Heraklit von Ephesos

In den Jahrhunderten vor der Zeitenwende, als Ephesos seine Blüte erlebte, war Bodrum, der nächste Hafen auf der Reise, bereits eine Metropole. Heute kriechen seine weißen Würfelhäuser weit in die kargen Hügel, Ausläufer des Taurusgebirges, hinauf und bis zu den Festungsmauern des Kastells St. Peter, das seit dem Mittelalter auf der Halbinsel über der Stadt thront. Dort oben schrillt lautes Grillenzirpen aus den duftenden Gärten der Burg – aus Hibiskusbäumen, Mimosen, Feigenbüschen, Pinien, Thujen und Bougainvilleen, die wie Seidengewänder die Mauern umwallen. Die Festung ist hervorragend erhalten und mit Wehren und Türmen fränkischer und türkischer Herkunft bestückt. Das spannende Museum für Unterwasserarchäologie im Burginneren zeigt unter Wasser gefundene Gefäße und die restaurierten Wracks gesunkener Schiffe.

Die »Star Flyer« jedoch liegt gottlob nicht hier oben, sondern quicklebendig unten in einer der beiden herrlichen Buchten, die die Halbinsel trennt und die Palmen, Geschäfte und Straßencafés säumen. Auf Touristen eingestellt

***Rechts:** Einfach traumhaft ist die Stimmung an Deck bei Sonnenuntergang. Leider wartet zu dieser Zeit meist auch das Abendessen im Dining Room. Keine leichte Entscheidung …*

***Unten rechts:** Ein mutiger Spaziergänger wandelt auf dem Bugspriet an der Spitze des Schiffs. Zum Glück ist zwischen ihm und den Wogen des Meeres das Klüvernetz gespannt.*

STAR FLYER

Links: *Strahlend schön stehen die weißen Segel der »Star Flyer« im Nachmittagshimmel. Viele Gäste lieben die Tage auf See, an denen die Stunden an Deck den Landgang ersetzen und ausgiebig Zeit zum Nichtstun ist.*

Oben: *Die freundlichen Matrosen sind immer bereit, den Gästen Fragen zum Schiff und zu ihrer Arbeit zu beantworten – und zu erklären, dass man aus Seemannsgarn keine echten Knoten machen kann.*

Links beide: *Wer beim Tauchen oder Schnorcheln mit dem »Sports Team« der »Star Flyer« ohne Schwämme, Seesterne und Muscheln zurückgekommen ist, findet in den Altstadtgassen von Rhodos die Möglichkeit, diese Lücke zu füllen. Vorausgesetzt, es hat ihn nicht vorher bereits das Tavernenschild (**Bild Mitte**) zu Calamari oder Greek Salad verführt.*

Rechte Seite: *Der Hippokrates-Platz von Rhodos liegt im Herzen der Altstadt, die seit 1988 zum UNESCO-Weltkulturerbe zählt (**unten**). Das kostbare Fußbodenmosaik im Großmeisterpalast zu Rhodos (**oben**) stellt den Kopf der Meduse dar.*

ist die Stadt mit dem paradiesischen Panorama schon lange – der türkische Journalist Cevat Şakir, der aufgrund seiner politischen Aktivitäten 1927 nach Bodrum, dem einstigen Halikarnas, ins Exil geschickt wurde, machte den damals idyllischen Ort mit seinen Erzählungen »Der Fischer von Halikarnas« bekannt. Er prägte auch den Begriff der »Blauen Reise«, einer Fahrt auf den dort typischen Motorseglern von Bucht zu Bucht.

> *»Glaube nicht, dass du gehen wirst, wie du gekommen bist.*
> *Das war auch bei denen so, die vor dir kamen.*
> *Sie sind gegangen, aber ihre Gedanken ließen sie stets in Bodrum.«*
> *Cevat Şakir*

Auch der nächste Hafen unseres Törns, die griechische Insel Patmos, gelangte durch das Werk eines Exilanten zu Ruhm – geschaffen jedoch fast 2000 Jahre früher. Johannes, der Lieblingsjünger Jesu, soll sich bei den römischen Behörden unbeliebt gemacht haben, indem er in Ephesos das Christentum predigte. Von den Römern nach Patmos verbannt, soll er hier in einer Höhle gelebt haben und dort die »Apokalypse«, seine Visionen des Weltuntergangs, geschrieben haben. Auf dem Hügel um die Höhle wurde später eines der heiligsten Klöster der griechisch-orthodoxen Kirche erbaut.

Ein grob gepflasterter Pilgerweg führt vom Hafenort Skala, vor dem die »Star Flyer« ankert, durch einen duftenden Wald aus Pinien und Eukalyptusbäumen hinauf in die strahlende Chora, auf deren Spitze das Johanneskloster thront. Von außen trutzig und abweisend wie eine Burg, ist das Kloster innen eine Folge einladender Höfe, in denen kleine Katzen um die Bougainvilleenbüsche streichen, umgeben von weiß getünchten Gebäuden. Traditionell gekleidet, hält ein Pope eine Führung auf Griechisch, redet sich in Fahrt, so dass er fast zornig klingt, bevor er mit seiner Gruppe die Stille der Kirche betritt. Hier küssen Pilger, die über ihren Shorts die am Eingang bereitgestellten züchtig-langen Röcke tragen, Ikonen hinter Glas und die Vitrine, in der der vergoldete Schädel des heiligen Thomas präsentiert wird. In großen Schalen voller Sand stecken dünne, duftende Bienenwachskerzen, und beim Einwerfen der Münzen für die Kerzenspende schluckt der dicke Opferstock fast das Klirren des Metalls.

HOTEL
EN PLO
CAFE

__Großes Foto:__ Die weißen Würfelhäuser von Fira, dem Hauptort der Insel Santorini, schmiegen sich hoch oben an den Kraterrand. Die Insel ist Teil eines ehemaligen Vulkans, dessen Krater (Caldera) nach einer Eruption vor mehr als 3500 Jahren voll Wasser gelaufen ist.

__Oben:__ Die alten Männer von Santorini sehen dem touristischen Treiben im Sommer lächelnd bei einer Zigarette zu.

Linke Seite: *Eine typische griechisch-orthodoxe Kirche auf Santorini: schlichtes, weiß gekalktes Mauerwerk mit einer Kuppel. Im Hintergrund die kleinen vulkanischen Inseln inmitten der Caldera.*

Links: *»Alles, was die Volksarchitektur hervorzubringen hatte, hat sie auf Mykonos gezeugt«, attestierte der große Baumeister Le Corbusier der Kykladeninsel. Und noch heute zeigt Mykonos aufgrund strenger Bauvorschriften das ursprüngliche Bild mit den puristischen weißen Häusern.*

Unten: *Ein kühles Fußbad erfrischt am Ende eines heißen Tages.*

TOURIST BUREAU
ΦΑΡΜΑΚΕΙΟΝ
PHARMACY
APOTHEKE
ΠΕΡΙΦ. ΙΑΤΡΕΙΟ
FIRST AID
Piccolo
BAZOOZOO
CAFE-BAR
MILK SHAKES
ΠΑΓΩΤΑ
ICE CREAMS
AMSTEL

Links: *Der Hafen von Hydra im Archipel der Saronen.*

Ganz oben: *Hydra ist relativ dünn besiedelt – und autofrei. Man reitet auf Eseln, geht zu Fuß oder fährt Boot.*

Oben: *Die »Star Flyer« liegt prachtvoll illuminiert im Hafen von Hydra.*

Griechische Nahrung für Körper, Geist und Seele: Fangfrischer Oktopus auf dem Athener Fischmarkt (**oben**); das Entziffern akkurat gemeißelter Inschriften (**Mitte**); und schließlich der Genuss beim Betrachten der sensationellen Kunstwerke wie zum Beispiel dieses Mosaiks in der »Plaka«, der Altstadt von Athen (**unten**).

Rechts oben: Auch spannend anzusehen ist der Athener Fischmarkt in den großen Hallen in der Athinas Straße.

Rechts unten: Um einen besonders guten Blick auf die Akropolis von Athen zu erhaschen, lohnt sich der Aufstieg auf den mit 277 Metern höchsten Stadthügel Lykavittos.

Im Museum des Klosters sind einzigartige Manuskripte, Ikonen, Gewänder, Silber- und Goldarbeiten ausgestellt – eine der wichtigsten Sammlungen byzantinischer und nachbyzantinischer Kunst weltweit, präsentiert im Halbdunkel auf zwei Etagen.

Tritt man anschließend nach draußen, ist man geblendet von dem gleißenden Licht, das die Sonne über die Dodekanes-Insel ausgießt. Die Chora, der Hauptort von Patmos gleich unterhalb des Klosters, ist ein Labyrinth aus weißen Häusern. Darüber und darunter schimmern in tiefstem Blau Himmel und Meer. Wenn das Knattern des Mofas ein paar Gassen weiter verhallt ist, scheint die Ruhe fast unwirklich, Wind streicht um die Ecken, bringt ein paar abgefallene rosa Blüten mit und verschnauft an der übernächsten Hausecke. Manchmal frischt er auf, unten in der Bucht, und treibt Wellen vor sich her, die das Tenderboot schütteln, das die Passagiere von der Insel zurück zum Schiff bringt. Das liegt – wie jeden Abend – strahlend im Wasser und scheint fast ungeduldig zu tänzeln, bis alle an Bord sind und die Reise weitergehen kann.

Sie haben das mächtige Meer unterm Bauch
Und über sich Wolken und Sterne.
Sie lassen sich fahren vom himmlischen Hauch
Mit Herrenblick in die Ferne.

Joachim Ringelnatz

In der Bordwäscherei der Klipper wird auch die Garderobe der Passagiere über Nacht gewaschen, gereinigt und gebügelt. Viel braucht man also nicht mitzunehmen.

HINTER DEN KULISSEN

Wer nicht zunimmt, hat selber Schuld

Kabelgarn; Erbsen mit Salzspeck; Bohnensuppe mit Salzrindfleisch; Graupensuppe mit Pflaumen und Stockfisch; Hülsenfrüchte; Schiffszwieback, steinharte Kekse – und zwischendurch vielleicht ein halber Becher Rum als Medizin. Wochen-, oft monatelang waren daraus zusammengestellte Gerichte vor rund 200 Jahren die Hauptnahrung der Segelschiffbesatzungen. Kabelgarn, damals die Bezeichnung für Konservenfleisch, lässt vermuten, wie das aussah. Dazu gab es nicht selten »Beilagen« – in Form von allerlei Ungeziefer, wobei Käfer noch zur harmlosen Spezies zählten.

An Bord moderner Kreuzfahrtsegler wird Kulinarisches großgeschrieben und je nach vorherrschender Nationalität der Passagiere ausgerichtet. Beim Frühstücksbuffet kann das Schwergewicht auf französischen Croissants oder englischen Muffins liegen, auf amerikanischem Toast, deutschem Schwarzbrot oder schwedischem Knäckebrot. Individuell bereitet ein Koch dazu die verschiedenen Omelettarten zu, oder – für amerikanische Gäste – »eggs fried over easy« (Spiegeleier, doppelseitig leicht gebraten).

»Corporate Executive Chef« wird der Mann genannt, der an oberster Stelle für das leibliche Wohl der Passagiere auf den Schiffen von »Star Clippers« zu sorgen hat. Gemeinsam mit den Hotelmanagern – so ihre Bezeichnung auch in der Kreuzfahrtbranche – arbeitet er die Rezepturen für jeweils 14 Tage aus. Danach ist er ständig zwischen den Klippern unterwegs, bleibt jeweils etwa einen Monat an Bord in der Karibik, in Asien oder im Mittelmeer. Nicht als Kontrolleur, sondern als Berater und Planer. Wer auch immer dieser Executive

Chef gerade sein mag, die Parole lautet: »Dem Lunch versuchen wir je nach Einsatzgebiet einen lokalen Touch zu geben. Kreuzen wir in thailändischen Gewässern, dann haben wir einen Thai-Koch. In der Karibik sorgt ein Gast-Chef von Antigua oder Barbados für das Wohl der Gäste, und im östlichen Mittelmeer ein Grieche oder Türke.« Abends gibt es Spezialitäten der internationalen Küche, und auch hier wieder bestimmt die Nationalität der Gäste an Bord, was und wie viel wovon rechtzeitig eingekauft werden muss.

Dies alles für jeden Törn einer Saison zu planen, dafür zu sorgen, dass alles klappt, ist Aufgabe des Hotel-Catering-Direktors im Reederei-Büro in Monaco. Es ist eine organisatorische und logistische Meisterleistung, von der die meisten Passagiere nichts ahnen – und die sie deshalb auch selten würdigen. Dabei ist ein Schiff, so der Marinehistoriker Peter Tamm, »das Faszinierendste, was der Mensch je erfunden hat. Jedes ist ein Mikrokosmos an sich und hat alles, was es auf dieser Erde gibt, in sich vereint.« Es sind die Männer und Frauen hinter den Kulissen, die anonymen Helfer in Vorratsräumen und Kombüsen, die auf Kreuzfahrtschiffen dafür sorgen, dass jeder an Bord nicht nur satt wird, sondern dass es ihm auch schmeckt. Alle zwei Wochen werden bei »Star Clippers« je nach Anlaufhafen pro Schiff etwa 25 Tonnen Lebensmittel an Bord genommen, bei den Atlantiküberführungen sind es in den Häfen von Málaga, Cannes oder Antigua sogar 35 Tonnen. All das muss vorbestellt werden, um frisch am Pier zu stehen, wenn das Schiff anlegt. Dann wird es in speziell konstruierten Behältern übersichtlich und so gestaut, dass es bei jeder Wetterlage schnell zugänglich ist.
Zusammengestellt wird der jeweils an Bord zu nehmende Proviant aus einer Liste von 36000 verschiedenen Lebensmitteln und 1800 unterschiedlichen Getränken, ausgewählt von Nahrungsmittel-Fachleuten und Sommeliers. Denn es wird nicht einfach eingekauft, um die Kühlräume voll zu haben, sondern selektiv vorgegangen. Der Catering-Direktor in Monaco: »Von der Logistik her machen wir zunächst einmal eine grobe Planung, was an Grundnahrungsmitteln gebraucht wird, was davon haltbar oder schnell verderblich ist und was bei Bedarf nachgebunkert werden kann.« Dabei hilft ein speziell dafür entwickeltes Computerprogramm. Mit seiner Hilfe ist der auf verschiedenen vorangegangenen Törns anfallende tägliche Verbrauch erfasst worden, gemeinsam mit der jeweiligen Gästestruktur. Der Catering-Direktor: »Haben wir zum Beispiel auf der nächsten Kreuzfahrt 30 Prozent Mitteleuropäer, 40 Prozent Asiaten und 30 Prozent Angloamerikaner, dann zeigt uns das Computerprogramm, wie viel wir wovon pro Tag und Gast benötigen. Amerikaner haben ja andere Vorlieben als Mitteleuropäer. Zum Beispiel essen sie mehr Eier und Würstchen – und viel, viel mehr Fleisch. Und Fleisch heißt Steak. Bei den Mitteleuropäern wiederum ist Käse mehr gefragt als bei Amerikanern. Das kann man anhand von Erfahrungswerten alles ziemlich gut vorausberechnen.«

Stolz zeigt der Maître d'Hôtel an Bord der »Royal Clipper« eine kleine Auswahl Desserts, die die Köche jeden Tage aufs Neue zaubern.

Rechts: *Auf wenigen Quadratmetern kochen, sodass es schmeckt – wie hier in der Kombüse der »Star Flyer« – schafft nur ein guter Smutje.*

Unten: *Da rollt das frische Bier! Besonders viel, wenn deutsche Gäste an Bord sind.*

Ein internationales Team von 45 Köchen und Küchenhelfern sorgt dafür, dass jedes Gericht heiß, wohlschmeckend und rechtzeitig auf den Tisch kommt – trotz der winzigen Kombüsen ist diejenige der »Royal Clipper« mit 40 Quadratmetern sogar besonders groß. In ihr arbeiten acht Köche und zwei Mann der »Galley Crew«. Betrieb herrscht hier bis zu 16 Stunden am Tag. »Schichten gibt es nicht, es wird einfach gearbeitet!« Schiffskoch ist ein harter Beruf, Nachwuchs ist knapp. Der Direktor: »Man muss mit Leib und Seele dabei sein, sonst hat es keinen Zweck. Wer erst mal anfängt zu überlegen: ›Ah, wir sind jetzt im Hafen, da könnte ich doch mal dahin und dorthin‹, der überlegt falsch. Denn ganz andere Sachen sind wichtig. Am neuen Ort kommt neue Ware an Bord und diese muss so verplant werden, dass alles, was schlecht werden könnte, als Allererstes verbraucht wird, und dass nur das frischeste Produkt auf den Tisch kommt.«

Im Gegensatz zum Maschinenraum, zu dessen Besichtigung der Erste Ingenieur schon mal einlädt, ist die Küche für Passagiere aus Hygienegründen tabu. Bei der Lagerung und Verarbeitung der Lebensmittel an Bord gelten in Europa die strengen Richtlinien des Europäischen Lebensmittelkontrollgesetzes. Was auftaut, muss sofort verarbeitet werden. Das gilt auch für »Restware« vom Büffet. Die darf nicht, wie früher in der Kreuzfahrt üblich, zu Pasteten oder Salaten verarbeitet werden, um am nächsten Tag, durch fantasievolle Namen »veredelt«, erneut auf den Tisch zu kommen. Und was verdorben ist, muss weg. Der Catering-Direktor: »Aus dem gleichen Grund wird Fisch nicht auf den Märkten angelaufener Häfen gekauft. Denn da weiß man nicht, wie frisch er ist. Er kommt stattdessen auf dem Luftweg von bewährten Lieferanten, ebenso wie Hummer und andere Meeresfrüchte.« Trotz solcher Regularien werden in amerikanischen Gewässern nur deren eigene, nicht minder strengen Kontrollgesetze akzeptiert. Ein Beispiel: Was beim Eintreffen der Schiffe nicht in Dosen oder in Folie verschweißt ist, muss neu beschafft werden.

Natürlich wird auch auf Sonderwünsche Rücksicht genommen, etwa auf solche von Vegetariern oder Passagieren, die eine besondere Diät befolgen müssen. Grundsätzlich aber gilt: »Speisen auf einem der ›Star Clippers‹-Schiffe ist Verführung pur«, beobachtete die Journalistin Wiltrud Miethke. »Hier wird keine Mühe gescheut, um frischen Hummer, auserlesene Weine, Champagner und selbst Walderdbeeren aus dem Schwarzwald heranzuschaffen. Wer dabei nicht zunimmt, hat selber Schuld.« Stimmt!

Oben: *Kein Torpedoraum, sondern der Maschinenraum der »Royal Clipper«. Wenn der Wind schwächelt, helfen Motoren nach, denn der Fahrplan muss eingehalten werden.*

Rechts: *Drei Chefs an Bord der »Royal Clipper« schnuppern statt Küchendünsten mal frische Seeluft: Jean Marie Meulien, Dieter Biesler und – nomen est omen – Otto Koch.*

Der Darsteller Roger Moore hat die Reise auf so einem Klipper gemacht.

WO SCARAMANGA IN DIE LUFT FLOG

Durch die Inselwelt der Andamanen

Fans von James-Bond-Filmen kennen die Szene: Mit einem geradezu atomaren Knall fliegt ein zum Hightechlabor ausgebauter Felsen vor Thailands Küste in die Luft. Der Bösewicht Scaramanga kommt dabei um. Überleben tut die Katastrophe natürlich »007«, Geheimagent Ihrer Majestät. So geschehen im Film »Der Mann mit dem goldenen Colt«.

Die Phang-Nga-Bucht mit ihren aus dem Wasser aufragenden Karsthügeln und Mangrovensümpfen bildet einen der Höhepunkte der Kreuzfahrt durch den Südteil der Andamanensee, dem Meeresgebiet westlich von Malaysia und Thailand. Dutzende von größeren und kleineren Inseln mit strahlend weißen Stränden, manche bewohnt oder gar im Privatbesitz steinreicher Asiaten, dazu Myriaden von Felsbrocken, die aus dem Meer aufragen, als ob ein Riese einen Sack Schotter ausgestreut hätte. Viele gehören zu den noch nicht überlaufenen Flecken asiatischer Küstenstreifen. Kleine Buchten und Häfen bildeten hier jahrhundertelang die Verstecke für seefahrende Händler aus Indien, Arabien und Europa, aber auch Schlupflöcher für Piraten. Entsprechend vielfältig sind die Herkunft der Menschen und die Religionszugehörigkeit. Noch leben hier Moslems, Buddhisten und Taoisten friedlich nebeneinander.

Von November bis Ende März haben Gäste der »Star Clippers«-Reederei die Wahl zwischen einer nördlichen und einer südlichen Route durch die Andamanensee und der Strecke zwischen dem thailändischen Phuket und Singapur an der Südspitze Malaysias. Jeder dieser Törns dauert sieben Tage.

Wer 14 Tage bucht – und das tun nicht wenige, um möglichst viele Inseln zu besuchen – kann sowohl die nördliche wie die südliche Route genießen. Eine Chance mehr, auch mal an Land die thailändische und malaysische Küche im Original zu probieren.

Die Stationen für die Klipper-Törns stehen weitgehend fest. Doch den genauen Kurs bestimmen Wind und Segel, und danach richtet sich der Kapitän. Deshalb heißt es im Katalog ausdrücklich: »Der Kapitän behält sich das Recht vor, die Reiseroute je nach Wind- und Wetterverhältnissen kurzfristig zu ändern.« Großsegler-Routen sind schließlich keine Autobahnen.

Der Weg von Europa nach Phuket oder Singapur ist weit. Wer es sich leisten kann, sollte auf langen Strecken individuell statt per Charterflug anreisen. Dann ist es möglich, auf halber Strecke – etwa in Dubai – einen Zwischenstopp einzulegen. Manche Fluglinien besitzen eigene Hotels und offerieren in Verbindung mit dem Flugticket günstige Zimmerpreise.

Singapur, ein Staat an der Südspitze der malaysischen Halbinsel, der aus 64 kleinen und einer großen, einst versumpften Insel besteht, zeigt nicht mehr viel Asiatisches. Fast alle alten Quartiere sind Wolkenkratzern gewi-

***Rechts:** Asiatisches Multikulti: chinesischer Tempeldrachen in George Town, Penang. Auf einem Südostasien-Törn begegnet man Buddhismus, Taoismus und Hinduismus.*

***Unten:** Felsbrocken im blauen Meer – die Inselwelt nahe Phuket. Da staunen selbst Matrosen.*

chen. Stahl-, Beton- und Glaskonstruktionen beherrschen das Straßenbild. In ganz Singapur, einer Fläche, die 100 Quadratkilometer kleiner ist als Hamburg, leben über 4,2 Millionen Menschen. Vielleicht sind es die strengen Hygienegesetze, die Besuchern den Eindruck einer sterilen Stadt vermitteln. Singapur gilt jedenfalls als eine der saubersten – und auch sichersten – Städte der Welt. Gäbe es die Menschen nicht, so wüsste man nicht, dass man in Asien ist. Doch die Stadt versteht sich als das moderne Tor zu alten Traditionen. Einen Eindruck davon vermittelt Tang Dynasty City, Asiens größter kultureller Themenpark. Auf einer Fläche von zwölf Hektar wird die Geschichte einer chinesischen Familie bis zurück ins 7. Jahrhundert präsentiert. 19 Naturschutzgebiete haben Singapur den Ruf einer »Gartenstadt« eingetragen. Wer vor dem Einschiffen noch Zeit hat, sollte sich eine Fahrt im Cable Car leisten, vom World Trade Center (WTC) zum Vergnügungspark der Insel Sentosa und zurück. 70 Meter hoch schwebt man über dem weitläufigen Hafen, hat einen wunderbaren Rundumblick – und entdeckt vielleicht auch den Liegeplatz seines Klippers. Denn den kennt nicht unbedingt jeder Taxifahrer. Da hilft im Notfall nur ein Anruf beim Harbormaster, denn der weiß immer genau, wo welches Schiff gerade liegt. Aber bisher haben das Einschiffen noch alle Passagiere geschafft, um hinauszusegeln in den hereinbrechenden Abend, Kurs Nordwest – in die berühmte Straße von Malakka.

Dieser Wasserweg zwischen Sumatra und Malaysia gilt als die meistbefahrene Schifffahrtsstraße zwischen Ostasien und Indien. Auch der Verkehr von und nach Nordaustralien läuft hier hindurch. Nur 67 Kilometer breit ist die schmalste Stelle, gerade eben doppelt so breit wie der Ärmelkanal, und es vergeht keine Sekunde, in der nicht irgendwo ein Schiff zu sehen ist. Ein

Rechts: *Die »James Bond«-Insel bringt viel Geld ins Land. Besucher aus Phuket können sie in einem Tagestrip erreichen. Klipper-Passagiere haben es bequemer: Sie ankern vor Ort.*

Unten: *Religion kann auch fröhlich sein: Altarfiguren in Phuket, Thailand.*

Oben: *Mega-Schiffe kommen hier nicht hin, wohl aber die Klipper mit ihren Passagieren.*

Links: *Mit den Zodiak-Schlauchbooten sind selbst die kleinsten und einsamsten Strände der Phang-Nga-Bucht zu erreichen.*

Fernglas sollte man also dabei haben. »Ja, Piraten gibt es hier auch wieder. »Aber«, sagt beruhigend der Kapitän, »die haben es auf Frachter abgesehen. Da ist mehr zu holen als auf einem Großsegler ...«

Oft wird auf dieser Strecke gekreuzt, um den Wind einzufangen. Je nach Jahreszeit kann es auch recht schwül sein. Einen vollen Tag verbringt man auf See, am dritten Tag wirft das Schiff vor den Pankor-Inseln Anker. Die Hauptinsel Pankor hieß früher Dingding, was »Vorhang« bedeutet – denn sie schützt das dahinterliegende Festland. Pankor ist die Heimat des Nashornvogels, doch der lebt im schwer zugänglichen Gebirgsinneren. Die Strände, viele davon noch isoliert, sind leichter zu erkunden, entweder zu Fuß über die Küstenroute oder mit Tender und Zodiak des Klippers. Immer wieder gibt es von Bord aus Strandbesuche. Glasklares Wasser, temperiert wie die eigene Badewanne, 30 bis 32 Grad Lufttemperatur, ideale Schnorchelbedingungen. Nur vor der intensiven Sonneneinstrahlung muss man sich hüten. Ganz Vorsichtige baden sogar unter einem Sonnenschirm.

Noch wirken die Strände der Pankor-Inseln vom Tourismus weitgehend unberührt. Kinder laufen weg oder nähern sich neugierig, aber vorsichtig. Der junge Gehilfe eines Hindupriesters lässt sich zwar neben dem Altar fo-

__Rechts und unten:__ An Bord der Klipper werden manchmal auch Spielfilme gedreht: Schauspielerin Gerrit Kling auf »Star Flyer« mit dem Filmhund.

__Rechte Seite:__ Spaß haben bei der Filmerei auch die Passagiere. Hautnah erleben sie die Schauspieler Gerrit Kling und Horst Janson (__oben__) – dazu eine thailändische Tanztruppe (__unten__).

tografieren, bedankt sich jedoch noch, statt die Hand aufzuhalten. In den Fischerdörfern haben Mofas und Handys allerdings schon längst Einzug gehalten. Rosa Minibusse sind das einzige öffentliche Beförderungsmittel auf der 22 Quadratkilometer großen Hauptinsel. Den Fahrpreis sollte man vorher aushandeln. Auf Pankor leben mehr als 20000 Menschen malaiischer, chinesischer und indischer Abstammung. Viele ihrer Häuser stehen auf Stelzen über dem Wasser, nur Holzplanken bilden die Verbindung zum Land. Garküchen in den Straßen bieten Satai an Holzspießchen mit gesalzenen kleinen Fischen, die überall in der Sonne trocknen. Bewertung: Stinkt fürchterlich, schmeckt aber. Und spätestens bei ihrem Anblick fällt einem der Rat erfahrener Weltenbummler ein: In Garküchen sollte man nur essen, was gekocht oder gebraten ist oder was geschält werden kann. Selbst scheinbar verschlossene Flaschen sind nicht unbedingt eine Garantie für Hygiene. So kann man durchaus beobachten, wie Jugendliche in einem Versteck eine braune Flüssigkeit in Flaschen einer bekannten Softdrinkmarke füllen, einen gebrauchten Kronenkorken mit dem roten Schriftzug draufpressen und die Flaschen in den Eisschrank stellen.

Auf Pankor hatte die berühmte niederländische Ostindia-Compagnie eine ihrer vielen Niederlassungen in Fernost und ließ nach dem begehrten Zinn schürfen. Schutz bot den Holländern ihr Fort Kota Belanda. 1690 wurde es von Einheimischen zerstört, 1743 wieder aufgebaut. 600 holländische Soldaten waren hier fern der Heimat stationiert. Doch nach fünf Jahren gab man den Stützpunkt auf. Das teilweise wieder rekonstruierte Fort erinnert heute an die alten und sicherlich unmenschlich harten Zeiten. So genießt man nach dem Ende mancher Inselrundfahrt den Komfort des Bordlebens doppelt, mit einem kühlen Drink an der »Tropical Bar«, während die Segel gesetzt werden und das Schiff Kurs nimmt auf den legendenumwobenen Langkawi-Archipel.

»Lang« bedeutet Adler, und »kawi« heißt »rotbraun« wie das Gestein des Archipels, dessen Wahrzeichen der Adler ist. Von den 99 Inseln sind nur vier bewohnt. Die größte – eben Langkawi – wird als Ferieninsel immer beliebter. Hollywood drehte vor dieser fernöstlichen Traumkulisse Teile des Films »Anna und der König« mit Jodie Foster. Seitdem entstehen teilweise luxuriöse Hotels, unter anderem an der weit geschwungenen Tanjung-Rhu-Bucht, von der man bis nach Thailand blicken kann. An diesem Tag verlässt der Klipper die malaysischen Hoheitsgewässer und wirft vor Ko Lipe Anker. »Ko(h)« heißt auf Thai »Insel« – Thailand ist erreicht. Das Eiland südlich der

Butang-Gruppe ist Teil des thailändischen Meeresnationalparks. Vom amerikanischen »Skin-Diving«-Magazin wurde das Gebiet zu den zehn schönsten Tauchgebieten der Welt erklärt. Wie ein mächtiger Pilz steigt die Insel aus dem Wasser empor, umgeben von einem herrlichen, einen Kilometer langen Sandstrand. Zu Fuß kann man Ko Lipe in zehn Minuten unter mächtigen Regenwaldbäumen durchqueren, in denen Affen ihren Kokosnuss-Lunch halten. Auf der anderen Seite liegt das einzige Dorf, bewohnt von den Chao Le, den »Seenomaden«. Die etwa 600 Menschen, viele davon Kinder und Jugendliche, sind Nachkommen einer ethnischen Gruppe von Ureinwohnern, die vom Festland auf die Inseln vor Thailand und Malaysia verdrängt wurden. Auffallend sauber ist es in dem Dorf. Plastikutensilien, deren Reste sonst in vielen asiatischen Häfen dümpeln, scheinen verpönt zu sein. Auch hier ist Fischfang der wichtigste Wirtschaftszweig. Die filetierte Tagesbeute trocknet auf großen Sieben in der Sonne, wie man von weit her riechen kann. Der Nachschub für die Satai-Garküchen »stinkt nach Geld«, sagen die Fischer. Auch hier wieder der weite, weiße Strand. Davor einige paradiesische, zum Teil verschlafene Inseln, traumhafte, palmenbestandene Strände, die vor Helligkeit förmlich strahlen, sodass fast schon das Auge schmerzt, und kristallklares Wasser, das zum Schnorcheln einlädt. Viele Inseln sind als schützenswert eingestuft worden – freilich auch, um den Tourismus zu fördern. Es sind Mini-Inseln, einige nicht viel größer als das Deck der »Star Flyer«. Aber gerade auf ihnen ist »Landurlaub« angesagt. Banana-Boat, Windsurfer und Schnorchelausrüstungen liegen bereit. Spätestens wenn man, die letzten Schritte durch das Wasser watend, den Strand erreicht hat, fühlt man sich wie Robinson – trotz der Getränkekisten und des Barbecue-Grills, den die Schiffsmannschaft unter einigen Palmen aufgebaut hat. Und ein Passagier

***Links oben:** Exotisches Malaysia: Auch in George Town auf Penang gibt es noch die Fahrrad-Rikscha.*
***Links:** Noch beliebter bei Touristen ist die Funiculare hinauf zum Penang Hill.*
***Oben:** Bunt sind die indischen Tempel.*

***Oben rechts:** Aromatisch duften die vielen Imbissstände und Garküchen.*
Blick auf die Straße von Malakka vom Hunung Mat auf dem Chincang-Berg auf Langkawi.

__Linke Seite:__ Von der Baumwipfelbrücke (__oben__) über dem Regenwald von Langkawi (Malaysia) zeigt sich bei einer Landexkursion eine faszinierende Tier- und Pflanzenwelt (__unten__).

aus Offenburg, der hier zum ersten Mal in seinem Leben schnorchelte, war regelrecht ergriffen von der Unterwasserwelt. »Das war eine Offenbarung!«

Dann geht es schon ins Dreiviertelfinale: Am fünften Tag des Törns ist Ko Phi Phi erreicht. Der Name, auch »Pipi« ausgesprochen, sorgt immer wieder für Heiterkeit. Wieder sind es mehrere Inseln, mit Sandstränden wie Puderzucker. Kenner zählen sie zu den schönsten der Welt. Die größere, Phi Phi Don, ist lieblicher als die kleinere, wild zerklüftete Phi Phi Le. Mit dem Tender geht es zum Pier. Das Dorf besteht aus Wellblechhütten und einer Einkaufsstraße mit zahlreichen Souvenirläden, einer Bank und einem Postamt. Von »Marken«-Uhren bis »Marken«-Accessoires ist alles zu haben. Zwischen Urwaldbäumen befinden sich Massagesalons der seriösen Art. Auf breiten Matratzen lassen sich Touristen massieren, Männlein und Weiblein. Die meisten kommen aus Australien via Phuket, denn von dort aus sind es mit dem Fährboot nur anderthalb Stunden – nah genug für einen Tagesausflug. Im Wald gibt es kleine Freiluftrestaurants mit köstlichem Thai-Food. Vater kocht, Mutter macht die Schwerarbeit, die Kinder servieren. Für wenig Geld gibt es eine hervorragend gewürzte Suppe, gegrillten Fisch, Garnelen, und wer es mag, kann sich das Essen »extra hot«, extrascharf bestellen, gilt doch die Original-Thai-Küche als eine der besten der Welt. Die Schiffsbesatzung des Klippers weiß immer, wo es gut schmeckt und trotzdem preiswert ist. Passagiere sollten sich dem anschließen oder sich von einem der typischen Longboats zu einem Badestrand bringen lassen. Schmal und lang sind diese ehemaligen Fischerboote, am Heck ein alter Automotor, der eine extralange Propellerwelle antreibt und selbst bei wenigen PS für ein höllisches Tempo sorgt. Am Strand von Long Beach stehen schlichte Hütten für australische Hippies und Rucksacktouristen aus aller Welt, die oft wochenlang hier hausen. Erst spätabends geht es wieder zurück an Bord. Das Schiff liegt im Dunkel. Über die Toppen ist es mit Glühlampen verziert, sodass sich schon von Weitem seine Konturen in der tropischen Nacht abzeichnen.

Der sechste Tag an Bord: die Bucht von Phang Nga, im Ko-Hong-Archipel der über 100 Inselchen. Teilweise liegen sie so dicht beisammen, dass man von einer zur anderen schwimmen kann. Immer wieder bieten sich neue Perspektiven. Auf Postkarten betrachtet würde man sie fast als »kitschig-schön« bezeichnen: Traumbuchten, sandige Strände und Korallenriffe, Lagunen, zerklüftete Felsen, Grotten und Höhlen. In einigen stehen Stühle und Tische als Rastplätze für einheimische Fischer.

Noch einmal können die Passagiere auf Ko Miang die herrlichen Bade- und Tauchmöglichkeiten voll auskosten, etwa am schönen Strand der Honeymoon Bay. Mächtige Granitblöcke über und unter Wasser sind Zeugen von der Entstehung der Insel vor rund 300 Millionen Jahren. Hier möchte man direkt zum Einsiedler werden – zumindest für einige Wochen. Am nächsten Morgen ist die Reede von Phuket erreicht. Ende eines Törns, der allen Teilnehmern unvergessen bleiben wird. An das Menschengewimmel in der Touristenhochburg Phuket wird man sich erst gewöhnen müssen, erst recht an den quirligen Massenbetrieb im Flughafen von Bangkok. Der Kapitän verabschiedet seine Gäste mit Handschlag. Viele sind unterwegs Freunde geworden, einige planen schon die nächste Kreuzfahrt unter weißen Segeln. Und nicht wenige bleiben an Bord für die Rückfahrt nach Singapur.

Auch die Küste Thailands – etwa die Gewässer um Ko Butang – sind für Klipper-Gäste ein einmaliges Schnorchel- und Taucherparadies.

Links: *Glasklares Wasser erlaubt den Blick bis auf den Meeresgrund.*

Ganz oben: *Im Tarutao Marine National Park von Ko Lipe erleben Passagiere Natur und Fischerbootromantik.*

Oben: *Robinson lässt grüßen: Fernab von den Routen großer Kreuzfahrtschiffe werden auf den Klipper-Törns einsame Badebuchten angelaufen.*

Oben und unten: *Die Insel Phi Phi ist Balsam für den Körper und die Seele.* **Rechte Seite:** *Der Altar im Wald soll Besuchern Glück bringen.*

Oben und rechte Seite unten: *Abwechslung wie Tempel oder ein Kostproben-Streifzug durch die erlesene thailändische Küche (wie eine pikante Kokosnusssuppe) gibt es zur Genüge.*

Rechts: *Das Watercourt Restaurant im Banyan Tree Resort von Phuket verwöhnt Besucher, die nach oder vor einem Klipper-Törn noch einige Tage an Land verbringen wollen.*

Unten: *Hilfsbereit sind auch die freundlichen Gastgeber.*

Die Insel Similan und der Marine Park gehören zu den besonderen Naturschönheiten Thailands. Bizarre Felsformationen, Buchten mit schneeweißen Stränden, vor denen die Klipper vor Anker gehen – wie hier die »Star Flyer« ***(Mitte)****.*

Strahlende Sonne, strahlende Gesichter: Käpt'n Sergey Utitsyn und sein Erster Offizier auf der »Royal Clipper« vor Sizilien.

LEGENDÄRE KAPITÄNE

Uli Prüsse & Co.

Vier Böllerschüsse hallten am 16. April 2005 über das Wasser des English Harbour von Antigua. Sie kamen von Bord der »Star Clipper«. Doch sie verkündeten nicht etwa den Start der »Classic Yacht Regatta«. Das wurde allen schnell klar, als aus dem Schiffstyphon ein langer Heulton erklang – das Signal für »letzte Reise«. Einige der im Hafen liegenden Segelschiffe und Mega-Yachten antworteten. Dann herrschte eine Weile große Stille ...

Die Ehrung galt »Käpt'n Uli«, einem der wohl beliebtesten Großsegler-Kapitäne. Der Hamburger Ulrich Hans Wolfgang Prüsse, wie er mit vollem Namen hieß, war am 13. Dezember des Vorjahres nach einer Herzoperation in Boston, USA, verstorben. In seiner kurzen Gedenkansprache an Bord der »Star Clipper« würdigte Reeder Mikael Krafft die Leistungen nicht nur eines »hervorragenden Seemannes, sondern auch eines sehr guten Freundes«. Dann überreichte ein Vertreter der Inselbehörde eine Plakette mit der Inschrift: »In memory of Captain Uli Prüsse for his vision, dedication and comittment towards the development of the Tall Ships World Peace Cup«. Darüber eingraviert das Wappen von Antigua und des Yacht-Clubs.

Prüsse gehörte zu den Mitbegründern des heute inzwischen traditionellen »Antigua Classic Yacht Race«, an dem jährlich die schönsten Yachten der Welt teilnehmen. Und es war Prüsse, der 1998 den »Tall Ships World Peace Cup« ins Leben rief, eine Regatta der Großsegler. Mit Begeisterung und der ihm eigenen Dynamik engagierte er sich dafür, möglichst viele Windjammer nach

Uli Prüsse mit Freunden. Er nannte sich einen »Kapitän mit dem Instinkt einer Wasserratte«.

Antigua zu bringen, ein Plan, den sein zu früher Tod vereitelte. Prüsse war ein Seemann, wie er im Buche steht. Wie Ernest Hemingway vertrat er die Ansicht: »Das Meer, die großen Ströme, Flüsse und Seen sind in unserer Zeit die einzigen freien Plätze der Welt.« Geboren wurde »Käpt'n Uli«, wie er selbst erzählte, »auf einem verzinkten Stahljollenkreuzer auf Hamburgs Süderelbe – in der schrecklichen Bombennacht des 2. Juli 1943, die als Teil der »Operation Gomorrha« in die Luftkriegsgeschichte einging. »Meine Eltern und mein Bruder Hein lebten damals in unserem Haus auf der Elbinsel Waltershof.« Vater Wilhelm, alter Kap Hoornier auf den berühmten »P-Linern« und später Doktor der Wirtschaftswissenschaften und Leiter der Seefahrtsschule an der eleganten Elbchaussee, hatte das drohende Unheil rechtzeitig gespürt. Mit Sohn Hein und der hochschwangeren Ehefrau war er auf die Süderelbe geschippert. Als er morgens zurückkehrte, »war das Haus weg, aber dafür hatten sie mich ...«

Uli besuchte zwar das Gymnasium im damals zum Nobelstadtteil aufsteigenden Blankenese, brach jedoch ab, weil die Lehrer wenig von seiner Seefahrtschwärmerei hielten. Er machte eine Lehre als Schiffszimmermann, fuhr bei der Handelsmarine und erwarb 1972 das Patent zum »Kapitän auf Großer Fahrt«. Doch Segelschiffe hatten es ihm angetan: »Ich bin mit den Instinkten einer Wasserratte ausgestattet«, pflegte er zu sagen. »Die See ist wie ein Freund. Aus jeder Welle muss man das Beste machen, selbst die kleinste ist nie langweilig ...«

Auf Hamburgs Alster gründete Uli eine nach ihm benannte Segelschule, in der Tausende von Hanseaten das Segeln lernten. Nach einigen Jahren verpachtete er sie, um in der Karibik dem historischen Stagsegelschoner »Ashanti of Saba« im Chartergeschäft zu neuem Weltruf zu verhelfen. »Eines Tages, wir lagen vor Anker, kam jemand mit einem Ruderboot, barfuß und in kurzen Hosen, bat, an Bord kommen zu dürfen, und fragte mich, ob ich Kapitän auf einem Viermaster werden wolle.« Der Mann war Mikael Krafft. 1994 übernahm Prüsse das Ruder auf der »Star Clipper« und später auch auf »Star Flyer« und »Royal Clipper«. 7500 Crew-Members segelten im Lauf der Jahre unter seinem Kommando. Die Gewässer der Karibik kannte er wie kaum ein anderer.

Unter den Passagieren schuf sich der dynamische Prüsse eine gewaltige Fangemeinde. »And now we go sailing« war sein Schlachtruf, wann immer der Anker gelichtet wurde. Wenn er seine Mannschaft vorstellte, oder während der Captain's Hour die Passagiere in die Geheimnisse der Seefahrt einweihte, sprach er ein Englisch mit so starkem deutschen Akzent, dass Amerikaner oft fragten, ob das Absicht sei. Aber es gab niemanden, der sich von Käpt'n Ulis Begeisterung für alles Maritime nicht hätte anstecken lassen. Sein Traum war, »einmal mit der ›Royal Clipper‹ um Kap Hoorn zu segeln. Und dann auch noch in die ›falsche Richtung‹, also von Ost nach West, gegen den Wind«. Seinen Lebensabend aber wollte er auf St. Barth in der Karibik verbringen. Diese Träume blieben unerfüllt. Prüsses Asche wurde Anfang 2005 in der Ostsee verstreut. In einem Nachruf schrieb einer seiner ehemaligen Passagiere, Charles Byrne aus Newport, USA: »Ulis Charisma bei seinen Vorträgen über die Kunst des Segelns begeisterte uns Zuhörer dermaßen, dass wir lernten, genau wie er jede Welle zu lieben. Und ihn liebten wir ebenso und werden es immer tun.«

Käpt'n Klaus Müller, Schottland-Fan, bringt seinen Passagieren gerne ein Ständchen auf seinem Lieblingsinstrument.

Eine beliebte Hollywood-Filmkulisse wird für die Klipper-Passagiere greifbare Wirklichkeit: Am Horizont taucht Bora Bora auf.

INSELN UNSERER TRÄUME

Eine Reise durch Französisch-Polynesien

Tahiti, Bora Bora, oder der Tuamotu-Archipel – das sind Namen, die Träume wecken von weißen Stränden, von türkisfarbenem Wasser, von Palmen und Tauchrevieren mit bunten Fischen und farbenprächtigen Korallen. Seit Beginn des Jahres 2008 kreuzt die »Star Flyer« auch in den Gewässern von Französisch-Polynesien, und für die Passagiere werden solche Träume Wirklichkeit. Bequemer als an Bord eines Viermasters lässt sich diese pazifische Inselwelt kaum erkunden. Denn Französisch-Polynesien (griechisch: poly = viel, nesos = Insel) umfasst ein Gebiet halb so groß wie Europa, in dem Atolle, Inseln und kleinste Koralleneilande verteilt sind. Und amerikanische Passagiere an Bord staunen, wenn sie hören, dass das Revier der siebeneinhalbfachen Größe ihres zweitgrößten Bundesstaates Texas entspricht.

Ausgangspunkt der Segeltörns – allein schon wegen des internationalen Flughafens – ist Papeete auf Tahiti. Die Anreise aus Europa zur Hauptstadt des französischen Überseeterritoriums ist strapaziös. 15000 Kilometer sind es von Paris, das bedeutet mindestens 22 Stunden Flug. Wer Zeit hat, reist in Etappen an. Und nicht wenige Gäste bauen deshalb ihren Klipper-Törn ein in eine Reise um die Welt.

Doch die größte Anstrengung ist vergessen, ist man erst einmal auf der »Insel der Liebe« angekommen. Manche Gäste sind schon einige Tage vor Beginn der Kreuzfahrt da, um Tahiti Nui (nui = groß) und ihr kleineres Anhängsel Tahiti Iti zu erkunden, andere hängen diesen Aufenthalt ans Ende ihres Törns. Entdeckt wurde Tahiti 1767 vom britischen Seefahrer Samuel

*Der Maler Paul Gauguin hinterließ im 19. Jahrhundert Südseebilder, um die sich längst Museen reißen. Polynesische Schönheiten wie das Mädchen (**oben rechts**) waren darunter. Touristen können heute auf dem Markt von Papeete mehr oder minder gute Kopien erwerben. Sie sind auf Tahiti von einheimischen Künstlern gemalt worden.*

Wallis, in Europa jedoch wenig später bekannt gemacht von Louis Antoine de Bougainville, dem ersten französischen Weltumsegler. Der deutsche Naturforscher Georg Forster warnte damals: »Es ist im Ernste zu wünschen, dass der Umgang der Europäer mit den Südseeinseln rechtzeitig abgebrochen werden möge, ehe die verderbten Sitten der zivilisierten Völker diese unschuldigen Menschen anstecken können.«

Inzwischen kommen die Touristen, und Papeete ist heute eine Stadt mit fast 27000 Einwohnern, vielen Geschäften und sogar Mietshäusern. Der Autoverkehr ist beachtlich, zu seiner Entlastung sorgen inzwischen ein paar Stadt-Schnellstraßen. Luxushotels wie das »InterContinental« oder das »Radisson« haben sich eigene, schneeweiße Strände zugelegt – denn von Natur aus sind die Strände Tahitis schwarzer Lavasand. Im Bouganville Park befindet sich der Lauf einer Krupp-Kanone. Sie stammt vom »Seeadler« des legendären Grafen Luckner, der im Ersten Weltkrieg in der Südsee auf Kaperfahrt war – und an einem Riff scheiterte. Die Schönheiten Polynesiens lernt nur kennen, wer über Papeete hinauskommt. Bereits nach den letzten Häusern, nur wenige Kilometer vom Pier der »Star Flyer« entfernt, gerät der Besucher in eine wild wuchernde, tropische Vegetation. Farbenprächtige Blüten von zum Teil beachtlicher Größe, Palmen, Farne und was sonst noch bei uns bestenfalls im Wintergarten gedeiht, wird hier viele Meter hoch. Von grün bewachsenen, schroffen Felsen stürzen zahllose Wasserfälle die Innenwände des ehemaligen Vulkankraters hinab, kleine Bergseen laden zum Schwimmen

Liebe zu Farben und zur Natur zeichnet die Polynesier aus, wie dieser Bastrock auf dem Markt von Papeete auf Tahiti beweist.

ein. Abenteuerliche Offroadsafaris durch das riesige »Gewächshaus« werden auf einigen vulkanischen Inseln angeboten. Auf Bora Bora die wildeste: Die Teufelsfahrer der Geländewagen überwinden die steilsten Steigungen und die größten Schlaglöcher, Felsbrocken und Schlammpfützen.

Alles an Bord

Um 16 Uhr gehen die ersten Passagiere an Bord. Ein tropischer Drink zur Begrüßung, ein kaltes Erfrischungstuch – es ist geschafft. Viele treffen alte Bekannte von früheren Reisen wieder und begrüßen Mannschaftsmitglieder, mit denen sie schon gefahren sind. »Da ist ja Frederic!«, jubelt eine Amerikanerin. »You are the best«, ruft sie, und lobt den jungen belgischen Cruise Director, der fünf Sprachen spricht und sich rund um die Uhr um seine Gäste kümmert.

Kurz vor Mitternacht ist der magische Moment gekommen, zu dem fast alle Passagiere an Deck erscheinen: Begleitet von den Klängen aus dem Kolumbus-Film »Conquest of Paradise« lässt der Kapitän die Segel setzen. Kurs Nord-Nordwest, Richtung Fakarava. Es ist der erste Höhepunkt des Törns, ein Erlebnis, das auch die »Wiederholungstäter« immer wieder in seinen Bann zieht. Robert aus Wien: »Das ist es, warum ich immer wiederkomme.« Er ist schon 30-mal auf den Windjammern der »Star Clippers«-Reederei gesegelt …

Wegen der teilweise großen Entfernungen zwischen den Atollen ist die »Star Flyer« auf dem Weg nach Fakarava einen vollen Tag auf See. Das hat seine Vorteile: Die Gäste haben Zeit, einander zu beschnuppern oder sich auf einem Liegestuhl an einem der beiden Pools »einzulesen«. Etwa mit dem 2008 erschienenen Ökothriller »Das Tahiti-Projekt« von Dirk Fleck. Oder mit Herman Melvilles »Omo'o«, der darin seine Tahiti-Abenteuer von 1842/43 schildert. Unter weißen Segeln kann man die Seele baumeln lassen. Bis auf den gesetzlich vorgeschriebenen Rettungsdrill vergeht der erste Tag auf den Wellen des Pazifiks mit süßem Nichtstun.

***Ganz oben:** Taro-Wurzeln. Das Knollengemüse der bis zu zwei Meter hohen Sumpfpflanze gilt als »Kartoffel der Südsee«.*

***Oben:** Behutsam gefangener und unglaublich frischer Fisch wird in Polynesien ähnlich wie in Japan gerne auch roh gegessen.*

***Rechts:** »Star Flyer« vor dem Auslaufen im Hafen von Papeete, Tahiti.*

***Oben:** Rückkehr in die Vergangenheit: Kanu vor Moorea. Man fühlt sich zurückversetzt in die Zeiten von James Cook.*

***Unten:** Alte Riten sind auf den Inseln Polynesiens immer noch lebendig – trotz missionarischer Christianisierung. Selbst wenn der Tiki (**links**) nur im Hoteleingang steht und der Feuertänzer Touristen unterhält …*

Luxuriöse Hotels mit traumhaftem Ausblick – wie etwa das »InterContinental« in Papeete – verlocken zu einer Kreuzfahrtverlängerung an Land.

Am nächsten Morgen läuft die »Star Flyer« um 7 Uhr durch die Einfahrt der riesigen Nordpassage in die Lagune des Fakarava-Atolls, das zweitgrößte Polynesiens, ein. Fakarava, 450 Kilometer von Tahiti entfernt, gehört zum Tuamotu-Archipel und der wiederum besteht aus fast 80 Atollen. Im Herzen von Französisch-Polynesien bilden sie einen Bogen von 1500 Kilometern Länge und 500 Kilometern Breite. Viele der Koralleninselchen – man nennt sie Motus – ragen nur wenige Meter aus dem Meer empor. Das Fakarava-Atoll ist geformt wie ein 60 Kilometer langes und 25 Kilometer breites Knäckebrot, von dem nur die Ränder existieren. Noch vor dem Frühstück sind wieder fast alle Mann an Deck. Einen Becher Kaffee oder Tee aus der Pianobar in der Hand, schauen sie zu den weit entfernten, kaum erkennbaren Innenrändern des »Knäckebrots«. Dann beginnt das Wasser sich zu verfärben. Vom tiefen Blau wechselt es über in alle erdenklichen Türkisschattierungen bis zum Smaragdgrün und wird schließlich in Ufernähe glasklar bis auf den weißen, sandigen Grund.

Um acht Uhr geht die »Star Flyer« in der Lagune vor Anker. Für die Gäste gibt es eine »beach landing«, direkt am Strand. Bei einer »wet landing« bringen Tender sie in flachere Gewässer, von dort steigt man in die motorisierten Schlauchboote, Zodiaks genannt. Und die letzten Meter watet man durch knietiefes, 27 Grad warmes Wasser ans Ufer. »Jeder schafft das!«, versichert Frederic, »sonst tragen wir Sie!«

Im Verlauf eines jeden Törns werden zahlreiche Ausflüge angeboten, von Hubschrauberrundflügen bis hin zu Rundfahrten mit Quads, den vierrädrigen Motorrädern, vor allem aber Schnorchel- und Tauchausflüge. In der

Linke Seite: *In die Urwaldwildnis des Binnenlandes von Tahiti führen Jeep-Safaris.* ***Oben:*** *Wo Kunst-Pool und Meer sich küssen: Baden im Hotel »InterContinental«.*
Unten: *Tahitis schwarzer Sand stört Surfer nicht. Sie lieben die Sonne, die Wellen und das Meer – und ihr Surfboard (**links**). Danach ein köstliches, kühles »Hinano«-Bier (**rechts**).*

Blauen Lagune auf Rangiroa kann man sich im flachen Wasser von Haien und Rochen umschmeicheln lassen, auf Bora Bora im Taucherhelm über den Meeresgrund wandern oder die Unterwasserwelt durch die Bullaugen eines sechssitzigen Mini-U-Boots bewundern. Beliebt bei den Damen ist der Besuch von Farmen, in denen die berühmten schwarzen Perlen der Südsee gezüchtet werden. Prachtexemplare kosten um die 1800 Euro, aber es gibt auch Exemplare für unter 100 Euro.

Die Exkursionen haben ihren Preis. Aber wer diese Reise unternimmt, dem ist meist bewusst, was auch in einem deutschen Reiseführer steht: »Das Inselparadies ist für jeden Touristen mit Abstand das teuerste in der ganzen Südsee ...« Doch ein schwimmendes Hotel mit Vollverpflegung wie die »Star Flyer« macht das »Abenteuer Südsee« erschwinglich.
Folkloregruppen führen am Strand oder auch an Bord den Touristen ihre traditionellen Tänze vor. Wie die Einwohner Französisch-Polynesiens unter sich ihre Feste feiern, erlebt man auf den Offroadsafaris. Frauen mit Blumenkränzen im Haar, in bunten Gewändern (jedes Dorf hat seine eigene Farbe) und Männer in bunten Hemden versammeln sich an Feiertagen unter freiem Himmel oder in offenen Zelten. Es wird Tahitianisch gesprochen und gesungen, und manchmal bilden sich spontan Tanzgruppen. Am Pier von Papeete wiederum treffen sich jeden Abend vor den Roulottes, den rollenden Garküchen, zahllose Familien zum preiswerten Essen. Bis spät in die Nacht herrscht reger Betrieb ...

Ein Bad in Kokosmilch

Noch größer als das Fakarava-Atoll ist Rangiroa, ein weiteres Ziel im Tuamotu-Archipel. Der französische Unterwasserforscher Jacques Yves Cousteau zählte es zu den schönsten und reichhaltigsten Tauchgebieten der Welt. Größte Attraktion ist die Blaue Lagune. Am Abend nimmt das Schiff Kurs zu den Gesellschaftsinseln. Ziel ist Bora Bora, 259 Kilometer nordwestlich von Tahiti gelegen.

Wieder wird ein voller Tag auf See verbracht. Für Unterhaltung sorgt ein alter Dokumentarfilm: »Um Kap Hoorn an Bord der ›Peking‹«. Da wird einem so richtig klar, wie bequem es doch an Bord eines Kreuzfahrtseglers ist und wie hart es an Bord der Hamburger »P-Liner« war. Und dann, morgens um 8 Uhr, die atemberaubende Einfahrt in die Lagune von Bora Bora, der Perle Polynesiens. Umgeben von einem schützenden Kranzriff ist die

Delfine! Vor Fakarava im Tuamotu-Archipel halten Kapitän und Passagiere Ausschau nach den freundlichen Schiffsbegleitern. In einem Atoll gibt es immer wieder an Land oder im Wasser Neues zu entdecken, zu filmen und zu fotografieren.

32 Quadratkilometer große Insel nur über eine einzige Durchfahrt zu erreichen, die »passe Tevanui«. 727 Meter hoch ragt der mächtige, längst erloschene Vulkan Otemanu empor, daneben sein Zwilling, der legendäre Pahia. Zusammen sehen sie aus wie die Doppelhöcker eines Trampeltiers. Dunkelgrün ist die Vegetation des Kraters – eine prächtige Kulisse vieler Hollywoodfilme.

Künstler, Maler, Schriftsteller und Philosophen hat Bora Bora in seinen Bann gezogen. Mit seinem Schlager »Bora Bora« weckte Tony Marshall in den 1970er-Jahren die Sehnsüchte vieler Deutscher – und wurde dafür 2008 von der Inselverwaltung zum Ehrenbürger ernannt. Im Pazifikkrieg jedoch war Bora Bora Sprungbrett der Amerikaner auf dem Weg nach Japan. 5000 GIs waren zeitweise hier stationiert. Davon zeugen noch zwei vor sich hin rostende Geschütze auf einer Anhöhe – und viele Nachkommen. Fast alle nähern sich dem Rentenalter, denn 1946 zogen die Amerikaner ab.

Als Tony Marshall seinen Schlager populär machte, gab es auf der Insel nur ein Hotel. Seitdem entstanden mehrere traumhafte Ferienanlagen, darunter das »Bora Bora Lagoon Hotel« auf dem Motu Loopua. Es ist die wohl luxuriöseste Anlage dieser Art in der ganzen Südsee. Hohe Palmen, weiße Sandstrände, ein Wellnesspool aus Quarzit, in dem auch »Star Flyer«-Gäste im Rahmen einer Exkursion ein Bad in Kokosmilch nehmen können. Oder sie wählen zwischen einem »Lagunenpeeling« aus pulverisiertem Malachit und weißem Korallensand, einer Regenwasserdusche und der nachfolgenden Behandlung mit Körpermousse aus der einheimischen Nono-Frucht. Die dreieinhalbstündige Verwöhnkur kostet für zwei Personen 710 Euro, Mittagessen eingeschlossen.

Auch Raiatea, die zweitgrößte Insel Französisch-Polynesiens, gehört zu den Anlaufzielen der »Star Flyer«. Angelegt wird am Pier von Uturoa, der kleinen blitzsauberen Verwaltungsstadt. Palmblattgedeckte Hütten locken mit Sou-

__Linke Seite:__ Aus der Luft zeigt sich Bora Boras abwechslungsreiche Küste besonders eindrucksvoll. Hubschrauber-Rundflüge geben den vollen Überblick.

__Links:__ Polynesierinnen nutzen jedes festliche Ereignis, um sich mit Blütenkränzen zu schmücken.

__Unten:__ Ein neuer Tag auf Bora Bora. Schon frühmorgens, wenn die Sonne aufgeht, herrscht Badewetter – mit angenehmen Luft- und Wassertemperaturen.

Oben und unten: *Auch unter Wasser zeigt die Südsee in glasklarem, warmem Wasser ihre Schönheiten.*

Oben und unten: *Vorsicht! Nur Kenner sollten anfassen, was da kreucht und fleucht. Manche Muscheln und Fische sind giftig und gefährlich.*

Rechts und ganz rechts oben: *Im »Pearl Beach Resort« von Bora Bora können Gäste aus dem Bett direkt ins warme Meer gehen. Die Wasser-Bungalows sind nicht nur bei Flitterwöchnern beliebt.*

Rechte Seite unten: *Die meisten Lebensmittel müssen in Französisch-Polynesien importiert werden – nicht jedoch Bananen.*

Unten: *Noch fließt der motorisierte Verkehr in Vaitape auf Bora Bora spärlich, doch Taxis für Besucher gibt es.*

venirs. Vom Pier starten auch die Landrover-Fahrten ins bergige Innere der Insel. Dorthin führt auch auf dem Faaroa, dem einzigen schiffbaren Fluss Polynesiens, eine Fahrt mit motorisiertem Auslegerkanu.

Für die Tahitianer ist Raiatea der heilige Geburtsplatz ihrer Götter und Ursprungsort ihrer Kultur. Die Ruinen der alten Kultstätten aus Korallen- und Lavablöcken zeugen davon. Man muss darauf achten, worauf man sich setzt. Für Ethnologen ist Raiatea die Wiege Polynesiens, denn von hier zogen ganze Stämme los, besiedelten die Nachbarinseln und Neuseeland. Sandige Badestrände gibt es nicht, dafür aber herrliche und einsame Motus in der großen, riffgeschützten Lagune.

Das große Riff schützt auch Raiateas Nachbarinsel Taha'a – und die sieht genauso aus wie die Postkartenbilder der Südsee, die einen zum Träumen brachten: Weißschäumend brechen sich die großen Wellen am Riff, dahinter Motus wie an einer Schnur aneinandergereiht, türkisfarben schillert in allen Schattierungen das Wasser. Schaut man vom Point Belvedere der Insel, 150 Meter über dem Meer, auf die Maro-Bucht, so sehen die Motus aus wie grüne Kapern in blauer Tinte.

Alle paar Tage gibt es auf dem Törn ein Picknick am Strand. Mädchen in Bastrock und Kokosnuss-BH zeigen polynesische Tänze, junge, tätowierte Männer demonstrieren, wie Kokosnüsse geschält und geöffnet werden, dazu singt und spielt ein Ukulele-Trio. Einige Gäste stellen sich die Plastikstühle ins glasklare Wasser, sitzen bis zur Brust darin, in der einen Hand ein gegrilltes Hühnerbein, in der anderen eine Dose »Hinano«-Bier. So lässt sich's leben. Taha'a wird auch die Vanille-Insel genannt, denn von hier stammen 80 Prozent der Vanilleproduktion Französisch-Polynesiens. Nirgendwo riecht es zur Erntezeit aromatischer.

»Der nächste Tag liegt hinter uns«

Gegen 17 Uhr werden die Anker gelichtet, die Fahrt geht durch das riesige Atoll hinaus aufs offene Meer. Wieder sind fast alle Segel gesetzt. Delfine begleiten das Schiff. Am Horizont liegt Bora Bora, doch es geht den letzten Zielen entgegen: der Insel Huahine und schließlich Moorea. Geankert wird in der Cook Bay, am nächsten Tag in der benachbarten Opunohu Bay. Vom Aussichtspunkt –

auch hier heißt er Belvedere – bietet sich auf beide Buchten »der schönste Ausblick der Welt«. Vielleicht lassen sich deswegen manche Touristenpaare auf Moorea ein zweites Mal trauen – nach tahitianischem Ritus. Im Tiki Village, einem bewohnten Museumsdorf, kann man die Zeremonie manchmal als Zaungast miterleben. Seit Anfang der 1980er-Jahre wohnt hier auch Olivier, ein Franzose aus Paris. Und der sagt: »Ich habe mir die Mentalität der Einheimischen zu eigen gemacht. Europäer und Amerikaner denken immer nur an morgen, an das, was kommt oder was werden soll. Hier dagegen sagt man: ›Heute ist heute, der nächste Tag liegt noch hinter uns.‹« So beschließen wir am letzten Abend an Bord, nicht daran zu denken, dass am nächsten Morgen der Törn der »Star Flyer« am Pier von Papeete enden wird.

Unten: *»200 Jahre zu spät gekommen«, denkt wohl so manch männlicher Tourist bei diesem Anblick. Denn vor dem Eintreffen der Missionare wurde noch »oben ohne« getanzt.*
Rechte Seite: *Im Fakarava-Atoll: Ein Oktopus als Kopfschmuck (**oben**).*
*Tiere wie die Kokoskrabbe (**unten**) – werden zwar vorgeführt, aber nicht verletzt.*

STAR CLIPPERS

»Star Flyer« ankert im Fakarava-Atoll.

Rechts oben: *»Rohstoff« für den Kopfschmuck: die Blüten des bis zu zehn Meter hohen Frangipanibaumes gibt es in Weiß, Rosa, Rot und Gelb – meist das ganze Jahr über.*

Rechts unten: *Bei einem vollen Tag auf See ist kein Land in Sicht.*

Folgende Doppelseite:
*Die Insel Taha'a ist der Hauptproduzent Französisch-Polynesiens für Vanille. Die Schoten werden vor dem Versand luftgetrocknet (**links oben, Mitte und links**).*
Mitte: *Betreten verboten!*
Ein Kugelfisch zeigt sich Besuchern der Mahaea Motu-Fischfarm von Taha'a in seiner ganzen Pracht.
Unten: *Fischen mit dem Wurfnetz schont die Bestände.*
Rechts oben: *Ein »Frühstück im Freien«, einmal anders, bietet das »Te Tiare Resort« auf Huahine.*

TIARE BEACH

Links: Wasser-Bungalow im »InterContinental Beachcomber Resort« auf Moorea. Eine Moorea-Mama (oben) begrüßt mit Hibiskusschmuck ihre Gäste.

Ganz oben: »Bali Ha'i« heißt ein Lied im Musical »South Pacific« – nach dem dieser Berg auf Moorea benannt wurde. Auf Tahitianisch heißt er eigentlich Mou'a Roa (langer Berg).

Oben: Französische Baguettes sind bei den Polynesiern äußerst beliebt – nicht nur, weil sie vom Staat subventioniert werden.

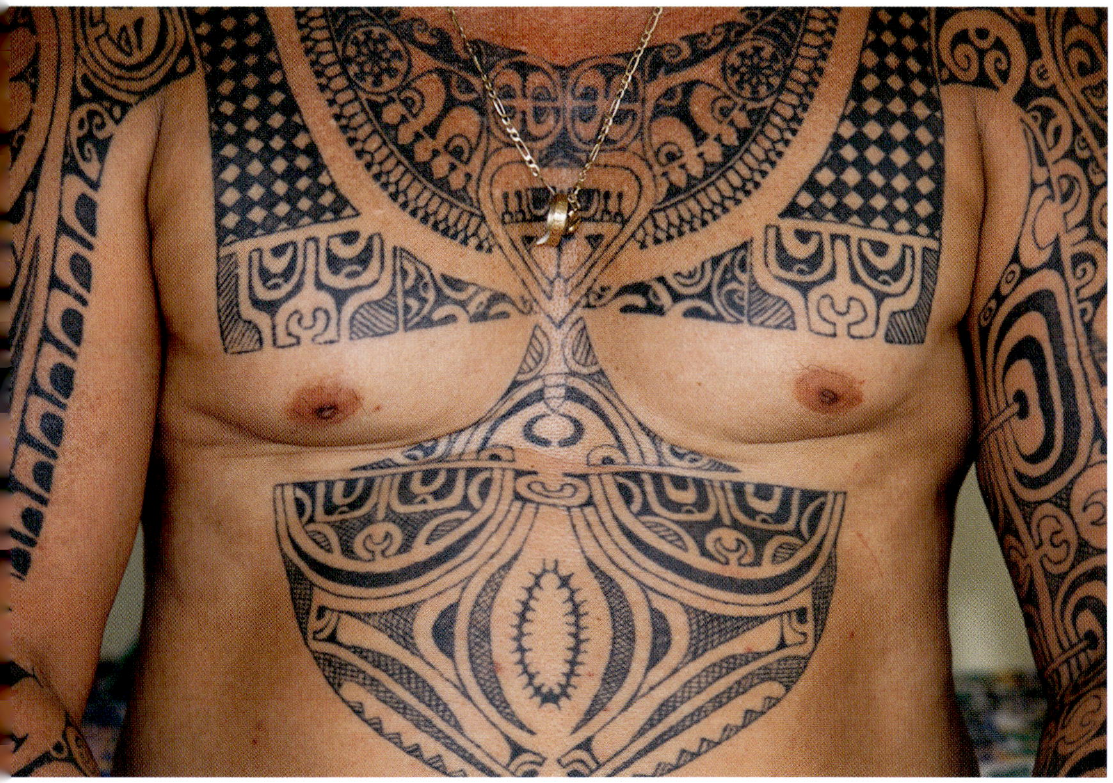

***Oben beide:** Tätowierungen – vor allem wenn sie so prächtig aussehen wie bei den Polynesiern – sind beim Aufbringen eine äußerst schmerzhafte Prozedur. Das Ergebnis ist ein »illustrierter Mensch« . Touristen aus Europa begnügen sich meist mit kleineren Verzierungen – Hauptsache dabei ist, dass sie aus der Südsee stammen.*

***Rechts oben und rechte Seite:** Kleine Privatyachten aus Australien und den USA legen vor den Inseln Polynesiens bei einer Pazifiküberquerung einen Zwischenstopp ein – wie hier vor Moorea in der Opunohu Bay.*

Da stockt selbst altgedienten Seeleuten der Atem! Die »Royal Clipper« unter vollen Segeln – vor den Liparischen Inseln im Mittelmeer.

»ROYAL CLIPPER«

Eine Königin tauft die »Königin der Meere«

Nach ihrem Besuch in London trifft die »Royal Clipper« im Juli 2000 in Monaco ein. Die neue »Königin der Meere« soll hier von Königin Silvia von Schweden getauft werden. Noch herrscht an Bord hektische Betriebsamkeit. Wie immer bei einem Neubau gibt es noch kleine Pannen und letzte Fehlerquellen zu beseitigen. Bei einem Tender springt der Motor an, als ein Lichtschalter betätigt wird – oder es leuchtet der Scheinwerfer auf, wenn der Motor gestartet werden soll. Auf dem Vordeck liegen noch riesige Säcke mit Abfall, weil deren Abnahme an Land verweigert wurde. So werden sie schließlich mit großen Planen abgedeckt – optische Kosmetik für Ihre Majestät. Kaum ist das geschafft, stolpert ein Arbeiter über ein Gebinde mit Ölfarbe, die sich über das Teakdeck ergießt. Der Swimmingpool leckt ein wenig, Wasser tropft auf einen der Esstische im Speisesaal. Und beim Hochhieven eines Kutters mit Tiefkühlkost gibt ein Kran seinen Geist auf. Der nun schief hängende Kutter muss von Hand entladen werden. Ein Teil der Tiefkühlkost, darunter Lachs im Wert von vielen Tausend Euro, taut in der Sommersonne auf und muss vernichtet werden, so verlangen es die strengen Kontrollvorschriften. Abends beginnt ein Feueralarm aus unerfindlichen Gründen zu schrillen, erst der Inspektor der amerikanischen Coast Guard, der ebenfalls zur Abnahme des Schiffes an Bord weilt, ist in der Lage, ihn abzustellen und die Ursache für den Fehlalarm zu beheben.

»Wir sind froh, dass wir schwimmen und nicht fliegen«, sagt ein Arbeiter. Nur Mikael Krafft scheint die Ruhe selbst zu sein, zumindest äußerlich, obwohl seine Nerven angespannt sein müssten wie Stahltrosse. Aber wie heißt es doch? »Wer schreit, hat schon verloren …« Und so wird dann auch bis zum nächsten Morgen alles so weit fertig, dass der schwedische Reeder »seine Königin« unter dem Blitzlichtgewitter der vielen Fotografen über den roten Teppich an Bord seines Schiffes geleiten kann. Es ist Freitag, der 28. Juli. Zu den rund 500 Gästen an Bord gehören nicht nur all jene, die in leitender Funktion am Bau des Schiffes beteiligt waren. Auch die Eltern des Reeders sind dabei, die Galionsfiguren-Schnitzer Hartmann und der Beuys-Schüler Rainer Latzke, der mit seinen Tromp-l'Œil-Tapeten die Wände des Speisesaals dekoriert hat. Und last but not least ist auch Roger Moore alias »James Bond« mit seiner zukünftigen Frau Christina an Bord. Es herrscht Premierenstimmung, und niemand kann sich der Faszination dieses Neubaus entziehen. Auch nicht Königin Silvia, als der Reeder – in Anspielung auf ihre deutsche Herkunft – von der großen Zeit der deutschen Handelssegler und dem Großsegler »Preussen« spricht. »Auf diese Tradition kann und sollte Deutschland stolz sein!« Und zu den Journalisten gewandt betont er: »Schreiben Sie das!«

Jetzt ist die »Royal Clipper« das größte Segelschiff. Ihre Außenmaße stimmen fast auf den Zentimeter genau mit denen des Originals überein. Mit 133 Metern Länge und 16 Metern Breite ist sie größer als »Star Clipper« und »Star Flyer«. Und dazu noch luxuriöser. Die Bruttotonnage beträgt 5060 Tonnen, der Tiefgang 5,70 Meter. Die Gesamtfläche der 42 Segel entspricht mit 5050 Quadratmetern etwa der Größe von 16 Tennisplätzen für Doppelspiele. Dennoch kann das Schiff innerhalb weniger Minuten dank moderner Technik voll aufgetakelt werden. Selbst komplizierte Manöver lassen sich, anders als

Jeder darf, keiner muss beim Segeln Hand anlegen. Faulenzen an Deck ist schließlich auch eine Tätigkeit. Und manchmal darf man auch die kostbare Schiffsglocke schlagen.

ROYAL CLIPPER
LUXEMBOURG
115
YAMAHA

bei den Klippern des 19. Jahrhunderts, in Minutenschnelle durchführen. So sind von den 105 Mann Besatzung nur 20 zur Bedienung der Segel notwendig. Die übrigen 85 kümmern sich um das Wohl der Passagiere.

Ebenso wie »Star Flyer« und »Star Clipper« verfügt die »Royal Clipper« über eine Meerwasser-Entsalzungsanlage. Abfälle, von Fäkalien bis Küchenmüll, werden verbrannt oder gesammelt, um an Land entsorgt zu werden. Nichts davon gelangt ins Meer.

Auf sechs Decks bietet das Schiff den Komfort eines schwimmenden Fünfsternehotels. Doch trotz seiner Größe können bei voller Belegung aller Zweibettkabinen »nur« 228 Passagiere mitsegeln. Denn so ist es gewollt: Die Intimität an Bord soll auch bei einem Segler dieser Größenordnung erhalten bleiben. Außerdem gilt: nicht Masse, sondern Klasse. Jede der 90 außen liegenden Doppelkabinen ist deshalb 16,25 Quadratmeter groß. Für Liebhaber besonderen Komforts gibt es 14 Ultra-de-Luxe-Decksuiten von jeweils 24 Quadratmeter Größe und pro Kabine ein eigenes, privates Terrassendeck. Dazu kommen zwei luxuriöse Eignersuiten von je 30 Quadratmeter Größe, die sich durch Entfernung einer Trennwand zu einer Suite verbinden lassen. Alle De-Luxe-Suiten verfügen über einen eigenen Whirlpool und haben selbstverständlich Butlerservice rund um die Uhr. Das heißt, wer etwa nachts um drei Uhr noch ein Häppchen und eine Flasche Champagner haben möchte, wird bedient.

Wie in den Kabinen ist auch an Deck für Platz gesorgt. Die »Royal Clipper« bietet angeblich pro Passagier den größten Decksraum in der gesamten Kreuzfahrtindustrie – nämlich mehr als zehn Quadratmeter pro Gast. Und das trotz der drei Swimmingpools. Der Clou: Für Wassersportfreunde gibt es unter dem Heck in Wasserhöhe eine geschützte, herablassbare Badeplattform.

Linke Seite: *Wassersport vor Taormina – kein Problem vom Deck der ausklappbaren Badeplattform der »Royal Clipper« aus.*

Unten und rechts: *Liegezeiten sind für die Mannschaft keine Ruhezeiten. Ständig wird gemalt, geputzt, gewienert, werden Tampen und Segel kontrolliert.*

Besonderer Beliebtheit erfreuen sich die Beobachtungsstationen an Deck. Eine davon liegt auf dem Hauptdeck. Hier können 90 Gäste bewirtet werden, während sie der Mannschaft beim Setzen der Segel zusehen. Eine andere Beobachtungsstation befindet sich auf dem Sonnendeck, von der aus bis zu 40 Gäste bequem die Brücke überblicken können. Auch an einigen der Masten befinden sich in 20 Meter Höhe Aussichtsplattformen – mit einem atemberaubenden Blick auf das Schiffsdeck. Ältester Besucher einer solchen Plattform war eine 90-jährige Lady …

Links: *Auch Passagiere können sich auf der Brücke der »Royal Clipper« in die Grundregeln der Navigation einweisen lassen.*
Unten: *Eine Segelreparatur an der schweren Nähmaschine ist nur etwas für Profis.*

Links: Eine Außendusche an Deck befreit Badende von Salzwasser. Alle Klipper haben ihre eigene Wasseraufbereitungsanlage.

Unten: Netz unter dem Bugspriet der »Royal Clipper«.

Im Inneren der »Royal Clipper« erstreckt sich über drei Decks hinab in den Schiffsbauch das zentrale Atrium, begrenzt von einer großen Treppe. Überdeckt wird es von einem Glasdom, der gleichzeitig auch den größten der drei Pools schützt. Da der Boden des Hauptschwimmbeckens durchsichtig ist, fällt das Tageslicht bis hinunter in das Restaurant am Fuß des Atriums. Alle Gäste und Offiziere können hier – gemäß der Reederei-Philosophie – gleichzeitig speisen. Eine Besonderheit ist die Captain-Nemo-Lounge unterhalb der Wasserlinie. Wenn das Schiff vor Anker liegt, können die Passagiere hier durch Spezialbullaugen die Fischwelt beobachten, vor allem in tropischen Gewässern ein besonderes Highlight. Gleich neben der Lounge befindet sich ein großzügiger Wellnessbereich.

Maritimen Komfort der Spitzenklasse bieten die Deluxe-Kabinen der »Royal Clipper«. Ein geräumiges Bad und ein Whirlpool gehören zur Ausstattung.

Und was verbirgt sich ganz unten? Da liegt in der Kielbox eine Mischung von 750 Tonnen aus Blei, Eisen und Zement als Ballast. Dazu kommen Stabilisierungstanks mit 160 Tonnen Wasser, das durch Pumpen entsprechend verteilt werden kann, um heftige Schiffsbewegungen auszugleichen. Es ist ein »komfortables Segeln«, sanft und schaukelfrei, auch bei starker Dünung. Doch bei Transatlantiküberquerungen, wenn zumeist Hobbysegler an Bord sind, hat niemand etwas dagegen, wenn der Klipper die Windkraft voll ausnutzt. »Es macht irre Spaß, die Segeleigenschaften dieser Vollschiffe herauszukitzeln. Besonders wenn in der Kombüse alles gesichert ist, kein Geschirr ins Rollen kommt und kein Fett aus der Pfanne rinnt«, sagt einer der Kapitäne. Mit Wind schafft die »Royal Clipper« fünf bis 15 Knoten. Wenn kein Wind weht, verleihen ihr die beiden 16-Zylinder-Dieselmotoren von zusammen 4000 PS eine Geschwindigkeit von acht bis zehn und maximal 13 Knoten.

Reeder Krafft über sein Schiff: »Die ›Royal Clipper‹ bietet die beste Möglichkeit für ein schnelles, komfortables und vor allem sicheres Segeln auf einem Rahsegler. Davon hätten die frühen Entdecker nicht einmal zu träumen gewagt ...« Experten schätzen, dass das Schiff 55 Millionen Dollar gekostet hat. Der Reeder schweigt dazu – und genießt es, dass seine Gäste sich wohlfühlen. Es gibt einige, die schon auf mondäneren und entsprechend teureren Luxus-Großseglern mitfuhren. Aber die meinten dann doch: »Sehr schön, sehr üppig – aber zu steif. Wir wollen ja auch eine lockere Atmosphäre, und die finden wir hier.«

Unten: *In solchen Doppelbetten wird man nicht seekrank. Wer aus bestimmten Gründen trotzdem nicht aufstehen mag, kann sich von einem eigenen 24-Stunden-Butlerservice die Mahlzeiten ans Bett bringen lassen.*

***Oben:** Für Unterhaltung an Bord ist immer gesorgt. Küchenchef Dieter Biesler beim Schaukochen für die Klipper-Gäste.*
***Unten:** Hummer gibt es traditionell beim Captain's Dinner.*

Links: *Essen ist auch etwas für das Auge, besonders beim Nachtisch. Diese Regel gilt auch an Bord der Kreuzfahrtklipper.*

Unten: *Die Mittagsbuffets entsprechen dem jeweiligen Segelgebiet. Hier, vor Capri, gibt es italienische Spezialitäten. Unter der reichen Auswahl biegen sich fast die Tische.*

Links: *Konzerthalle, Kirche oder Schloss? Das Atrium der »Royal Clipper«. Von solchem Komfort wagten Matrosen der alten Windjammer nicht einmal zu träumen.*

Oben: *Jeder Geburtstag eines Gastes wird beim Abendessen gebührend gefeiert: mit Sekt, Eistorte und einem Ständchen der Mannschaft.*

Rigger müssen in die Wanten, Passagiere dürfen es – gut gesichert und unter Aufsicht. Selbst Senioren haben das geschafft. Der Blick aus 20 oder 30 Meter Höhe über dem Deck erweitert buchstäblich den Horizont: Man sieht in der Ferne, was andere an Deck noch nicht sehen können. Und hat vielleicht auch Spaß daran, jedes Segel der »Royal Clipper« beim Namen zu kennen.

CLIPPERS

Die Karibik gilt unter »Yachties« als eines der besten Segelgebiete der Welt. Das heißt, Wind ist (fast) immer! Sämtliche Segel werden allerdings nur für Fotoshootings gesetzt: Wenn die Passagiere im Tender das Schiff umrunden dürfen, um Aufnahmen einer unvergesslichen Kreuzfahrt zu machen.

Tragödie eines stolzen Schiffes: Die havarierte »Preussen«, deren Geschwindigkeit ein Dampfschiffkapitän unterschätzt hatte.

SCHNELLER WAR KEINER

Die legendäre »PREUSSEN« – Vorbild der »ROYAL CLIPPER«

Als im Jahr 1902 das Flaggschiff der Hamburger Laeisz-Reederei vom Stapel läuft, ist selbst die Seefahrernation der Engländer beeindruckt. Der Fünfmaster »Preussen« ist ein Vollschiff, was bedeutet: Alle Masten haben Rahsegel. Mit 133,5 Metern Länge ist das Flaggschiff der berühmten »Flying P-Liner« der größte und schnellste Segler seiner Zeit. Dieser Gigant der Meere führte 43 Segel, das war mit 5560 Quadratmetern (ohne Reservesegel) doppelt so viel Leinwand wie beim damals größten britischen Segelschiff. Bei steifer Brise gab diese riesige Fläche der »Preussen« eine Vortriebskraft von über 6000 PS. Oft genug verzeichnete das Logbuch eine Geschwindigkeit von 17 Knoten, und selbst von den durchschnittlich acht bis zehn Knoten konnten die meisten Dampfschiffkapitäne damals nur träumen.

Bei den Seeleuten hieß die »Preussen« bald die »Königin der Meere« oder gar »die Königin aller Königinnen«. Doch es war ausgerechnet ihre Schnelligkeit, die ihr zum Verhängnis wurde. Die Katastrophe ereignet sich auf der 14. Reise. Am Montag, den 31. Oktober 1910 hatte der Großsegler, von Hamburg kommend, bei Cuxhaven die Elbmündung verlassen. Die Ladung bestand aus Stückgut, darunter 100 Konzertflügel. Der Wind stand ungünstig, eine Dampfbarkasse musste das große Schiff fünf Tage lang 800 Kilometer weit längs der deutschen und holländischen Küste Richtung Westen schleppen. Am Samstag passierte man endlich die Meerenge von Dover. Es war dunstig, das Barometer fiel, der Wind wehte aus Westen mit zunehmender Stärke. Die Landzunge von Dungeness wurde schließlich umschifft. Kurz vor Mitternacht verabschiedet sich der Schlepper, die »Preussen« setzt Segel, um die Weiterreise nach Südamerika anzutreten. In diesem Augenblick – der Fünfmaster ist noch nicht einmal zu voller Fahrt aufgelaufen – taucht aus der Dunkelheit der Kanaldampfer »Brighton« auf, der regelmäßig zwischen Newhaven und Dieppe verkehrt. Statt am Heck der »Preussen« deren Fahrwasser zu kreuzen, versucht der Kapitän der »Brighton«, mit seinem Dampfschiff noch am Bug vorbeizukommen. Doch es kommt zur Kollision, die »Brighton« rammt das Vorschiff des Großseglers mit ganzer Wucht. Die vordersten Masten des Schiffs brechen, durch ein Leck im Bug dringt Wasser ein.

Anfangs besteht zwar noch Hoffnung, das Schiff mithilfe von Schleppdampfern zu bergen. Zwölf davon treffen nacheinander trotz schwersten Seegangs an der Unfallstelle ein. Aber der immer stärker werdende Sturm verhindert jeden Rettungsversuch. Nur Teile der Fracht können in Sicherheit gebracht werden. Kaiser Wilhelm II. schickt ein Durchhaltetelegramm, das Kapitän Nissen seiner Mannschaft vorliest, während Wind und Wellen ihr Zerstörungswerk beginnen …

Noch nach Ende des Zweiten Weltkrieges schaute der halbe Rumpf mit einem Maststumpf aus dem Wasser. Und bei ruhiger See sind auch heute noch, rund 100 Jahre nach dem Untergang, einige der stählernen Spanten unter der Wasseroberfläche zu sehen.

Die Ähnlichkeit der »Preussen« mit der »Royal Clipper« – von weitem unverkennbar – doch der Komfort macht den Unterschied.

»Als mein Vater mir ein Modell der ›Preussen‹« schenkte – ich war damals zehn Jahre alt – da war für mich klar, dass ich dieses Schiff einmal im Maßstab 1:1 nachbauen würde«, erzählt Mikael Krafft. Im Juni 1998 auf einer Pressekonferenz in Monaco an Bord seiner »Star Clipper« stellt er dann tatsächlich ein Modell des von ihm geplanten Nachbaus der Presse vor. »Royal Clipper« werde er heißen. Das Mittelstück dazu gibt es zu dem Zeitpunkt bereits. Es liegt auf der Danziger Stocznia-Gdanska-Werft und ist der unvollendete Rumpf des »Gwarek«, eines polnischen Kreuzfahrtliner-Projekts, das aufgrund des wirtschaftlichen und politischen Zusammenbruchs des Ostblocks nicht mehr finanziert werden konnte. Nun, während der Pressekonferenz in Monaco, wird bereits kräftig daran weitergebaut – diesmal mit der Bezeichnung »Projekt B811«.

Aus ästhetischen Gründen – und um der »Preussen« so sehr wie möglich zu gleichen – wird das Mittelstück der »Gwarek« herausgetrennt und mit einem Clipper-Heck und einem Clipper-Bug versehen, Gesamtlänge: 133 Meter, fast wie das historische Vorbild – doppelt so lang wie ein Jumbo-Jet. Die fünf Masten bestehen aus Metall, wie vier der fünf Masten der »Preussen«. Nur werden beim Nachbau zwei davon auch als Abgasrohre

Mit fünf Masten unter vollem Zeug beim Auslaufen aus dem Hafen von New York am 27. Mai 1908.

für die Schiffsmaschinen dienen. Das neue Flaggschiff der »Star Clippers«-Reederei hat 5000 Bruttoregistertonnen, die größte Breite beträgt 16 Meter. Und seine 26 Rahsegel und 16 Stagsegel – 42 Segel insgesamt – machen es zum größten Vollsegler der Welt.

Im März 1999 wird der Schiffsrumpf von Danzig aus bei schwerer See Richtung Westen geschleppt. Bei der Fahrt durch den Nord-Ostsee-Kanal herrscht Windstärke neun bis zehn. Doch glücklich erreicht man die Merwede Werft in Rotterdam. Es ist eine der berühmtesten Yacht-Schiffswerften, und eine der wenigen, auf der die 60 Meter hohen Masten der »Royal Clipper« aufgerichtet werden können. Am 16. April beginnt der Schiffsausbau des stählernen Hohlkörpers zum Traumschiff unter Segeln. Die Inneneinrichtung und das Dekor gehen auf Pläne des Yacht-Designers Donald Starkey zurück. Der Bauherr inspiziert fast täglich den Fortschritt des Ausbaus.

Nach nur etwas über einem Jahr Ausbauzeit, am 18. Juli 2000, wird die »Royal Clipper« zum Cruise Terminal geschleppt. Die unteren Rahsegel sind gesetzt. Am Bug prangt als Galionsfigur die Gestalt einer jungen Frau. Es ist eine Nachbildung von Marie Krafft, der Tochter des Reeders. Kapitän Gerhard Lickfett, in gelbem Ölzeug, hat das Kommando. Es herrscht nebliges Nieselwetter, aber das kann die Feststimmung nicht trüben. Blaue und gelbe Ballons steigen am Pier in die Höhe, ein Shanty-Chor singt am Pier Seemannslieder unter Regenschirmen. Blitzlichter, Ansprachen, Dankesreden. An Bord spielt eine Feuerwehrkapelle Arrangements von Glenn Miller. Dann zieht ein Schlepper den Neubau in das offene Fahrwasser der Maas. Schiffssirenen heulen, Feuerlöschboote sprühen Fontänen. Für viele, nicht nur an Bord, ist diese Schiffsgeburt ein ergreifender Augenblick, und eine Besucherin kommentiert treffend: Beim Bau habe es zwar viele Ärzte und Hebammen gegeben, »aber nur einen wirklichen Vater: den Reeder Mikael Krafft«.

Unterwegs nach London wird jedoch noch im Schiffsinneren fieberhaft gearbeitet. 110 Zimmerleute, Elektriker und Innendekorateure sind an Bord. Teppiche werden verlegt, Leitungen gezogen, der Speisesaal ist noch eine riesige Baustelle; und die wenigen Gäste, meist Journalisten, essen in der Mannschaftskantine. Als das Schiff dann am folgenden Morgen, es ist ein Dienstag, kurz nach 7 Uhr in der Früh, in die Themse einläuft, sind alle Gäste an Deck. In Tilbury, einem alten Überseepier, steigen noch einmal 70 britische Journalisten zu. Alle Segel sind gesetzt, an den Ufern stehen zahllose Menschen. Es herrscht ablaufendes Wasser, trotzdem werden vor der ersten Themsebrücke die beiden vorderen Mastspitzen von Hand umgelegt, damit das Schiff reibungslos unter der Brücke hindurchkommt. Vorbei geht die Fahrt an der Marineakademie von Greenwich. Dort liegt zwar die berühmte »Cutty Sark« als Museumsschiff, aber so etwas wie die »Royal Clipper« haben die Kadetten der Akademie noch nie gesehen. Vom Ufer erklingen Kanonenschüsse zur Begrüßung, die mit einem kleinen Regatta-Böller vom Deck der »Royal Clipper« beantwortet werden. Dann macht das Schiff bei der Tower-Brücke fest, und es wird gefeiert. Ein Pressehubschrauber mit Fotografen umkreist das Schiff. »Cocktails in the Rigging« schreibt eine Londoner Zeitung am nächsten Tag unter das Foto.

Die »Preussen«, größter und schnellster der sogenannten P-Liner im Kuhwärder Hafen in Hamburg.

NOCH GRÖSSER ALS DIE »ROYAL CLIPPER«

Nach dem Schiffbruch der »Preussen« entstand ein noch größerer Windjammer. Es war die Fünfmastbark »France II«, im November 1911 von Frankreich in Dienst gestellt. Neben den Frachträumen gab es sieben Passagierkabinen, einen Salon mit Flügel, eine Dunkelkammer und den ersten bordeigenen Seewasserpool der Welt. Doch schon elf Jahre nach dem Stapellauf ging das Schiff verloren. Bei völliger Windstille trug es die Strömung auf das Ouano-Riff in Neukaledonien. Im Zweiten Weltkrieg diente das Wrack Bombern der US Air Force als Ziel und wurde vollends zerstört.

Für rund 100 Millionen Euro wagt Mikael Krafft einen Neubau: 60 Prozent größer als die »Royal Clipper«, doch für maximal nur 196 Personen und 140 Mann Besatzung. 157 Meter Länge und 18,5 Meter Breite erlauben ein riesiges Sonnendeck von 2500 Quadratmetern. 37 Segel an fünf Masten tragen 6350 Quadratmeter Tuch, eine Fläche so groß wie anderthalb Fußballfelder. »Mit diesem Schiff schaffen wir etwas Revolutionäres. Es wird völlig unabhängig sein von jeglicher Hafeninfrastruktur und Plätze besuchen, die unberührt sind von den Routen der Kreuzfahrtriesen.«, äußert der Reeder.

Die »Royal Clipper« im Blau der Karibischen See. In der Mitte des Schiffes erkennt man die Gangway, an der das Tenderboot die Passagiere zu Landgängen abholt.

»EINTAUSEND MEILEN AQUAMARIN«

Durch das Inselreich der Karibik

Vom Krähennest aus, einer Plattform hoch oben am Mast, sieht es aus, als sei die Erde nur eine Scheibe, bestehend aus schillerndem Wasser, umtost von der lärmenden Stille von Wind und Meer. In den Piratenfilmen halten hier finstere Gestalten mit Augenklappe Ausschau nach Beute. Auf den Karibikrouten der »Royal Clipper« machen es sich die Passagiere hoch oben auf einer kleinen Bank bequem, um den 360-Grad-Horizont nach Inselchen und Schiffen abzusuchen: Die Pitons tauchen auf, St. Lucias zuckerhutspitze Zwillingsberge, das Fort der verschlafenen Îles des Saintes, die weit verzweigten Naturhäfen von Antigua, die einsamen Palmenstrände von St. Kitts – und natürlich das legendär schillernde Aquamarin der Karibik zu Füßen der mutigen Mastkletterer.

»Eintausend Meilen Aquamarin, von Spitze umsäumt,
eine Million Yards limonengelber Seide, Meilen wolkigen Satins«
Derek Walcott

So farbenprächtig präsentiert sich die legendäre Inselwelt vom Krähennest aus, und so beschreibt der Dichter Derek Walcott, Literatur-Nobelpreisträger und auf St. Lucia geboren, »sein« Meer und die Inseln, deren Bewohnern er sein Werk gewidmet hat.

In der ersten und der letzten Nacht des Törns während der Überquerung des Tobago-Grabens zwischen Barbados und den Windward Islands kann es ein bisschen stürmisch werden. Dann kracht das Wasser gegen die

Bullaugen im Dining Room wie beim Hauptwaschgang in der Waschmaschine. Hat man jedoch die Inselkette erreicht, kreuzt das Schiff meist durch ruhige, friedliche See.

Die Kleinen Antillen, das »Winterrevier« der »Royal Clipper«, bilden einen großen Inselbogen im Karibischen Meer, der Puerto Rico mit der Nordwestspitze Venezuelas, dem Orinoco-Delta, verbindet. Ganz im Nordwesten liegen die Jungferninseln, im Süden Trinidad und im Osten Barbados. Die Begriffe »Inseln über oder unter dem Wind« haben nichts mehr mit der ursprünglichen Seglerbezeichnung zu tun, sondern wurden von der britischen Verwaltung eingeführt: »Windward Islands« heißen dabei alle Inseln südlich der Dominica-Passage zwischen Dominica und Guadeloupe, alle nördlich davon gelegenen Inseln werden »Leeward Islands« genannt.

Ein Großteil der Kleinen Antillen ist vulkanisch geprägt, da sich die karibische Platte unter die atlantische schiebt. Die außen auf dem Antillenbogen gelegenen Inseln (St. Martin, Barbuda, Antigua, Marie-Galante, Barbados) sind älter – hier hat die vulkanische Aktivität aufgehört. Der innere Bogen hingegen (St. Barth, St. Kitts, Montserrat, Dominica, Martinique, St. Lucia, St. Vincent, Grenada) ist jünger. Die Aktivität des Vulkans Soufrière auf Montserrat hat sogar zu einer Sperrung der südlichen Hälfte der Insel geführt.

Die Urbevölkerung der Inseln sollen Arawak-Indianer gewesen sein, die wohl um die Zeitenwende aus dem Orinoco-Delta kamen. Etwa um 1000 n. Chr. stießen die kriegerischen Kariben dazu. Sie aßen angeblich Teile ihrer getöteten Feinde – es entstand die Bezeichnung »Kannibalismus« für den Verzehr von Artgenossen, von Menschen. Massaker, Ausbeutung und Krankheiten während der Kolonialzeit löschten die Urbevölkerung fast gänzlich aus – nur auf Dominica gibt es noch einen kleinen Karibenstaat.

Rechts: *Gut gelaunte 94 Jahre alt ist diese Dame, die ihren Urenkeln beim Spielen im Garten zusieht.*
Unten: *Die »Pitons«, St. Lucias zuckerhutspitzige Zwillingsberge, erheben sich bei Soufrière steil aus dem Meer. Sie gelten als Wahrzeichen der Insel.*

***Oben:** Marigot Bay auf St. Lucia gehört zu den sichersten Naturhäfen der Karibik. Hier wurde 1966 der Walt-Disney-Film »Dr. Doolittle« gedreht – in dem noch heute vorhandenen gleichnamigen Restaurant.*
***Rechts:** Oft wird die »Royal Clipper« von Booten begleitet, deren Passagiere das größte Segelschiff der Welt einmal aus der Nähe betrachten möchten.*

Ein Großteil der heutigen Bevölkerung hat seine Wurzeln in Afrika – ihre Vorfahren wurden von den Kolonialherren als Sklaven auf die Zuckerrohrplantagen der karibischen Inseln gebracht.

Die europäischen Mächte kämpften jahrhundertelang um die Herrschaft über die Karibik. Einzelne Inseln wechselten ununterbrochen ihre Zugehörigkeit – St. Lucia etwa wurde 14-mal zwischen Großbritannien und Frankreich hin und her erobert, bis es 1979 schließlich von Großbritannien seine Unabhängigkeit erlangte.

Nach der stürmischen Nacht im Tobago-Graben nähert sich die »Royal Clipper« St. Lucia, der Heimatinsel von Derek Walcott. Der Dichter entwirft für die Bewohner der Karibischen Inseln eine neue Identität, die die Last der Geschichte – Sklaverei und Rassismus – hinter sich lässt. Was für uns Besucher die karibische Kultur so interessant macht, das ist das Zusammenspiel der karibischen, afrikanischen und europäischen Einflüsse. Das empfindet Walcott tief als Geschenk und Last zugleich:

»Ein roter Nigger, der lieben das Meer,
Bin ich, mit echt kolonialem Diplom;
hab Holländisch, Nigger und Englisch in mir,
bin entweder niemand oder eine Nation.«

In Castries, der Hauptstadt der Insel St. Lucia, soll in der Chaussee Road Derek Walcotts Elternhaus stehen. Die senkrechte Sonntagssonne brennt auf die total leergefegte Straße, die nach Teer riecht, und nötigt die Menschen in die Häuser oder unter die Verandadächer. Der Officer im bunt gemusterten Hemd und mit Sonnenbrille hält seinen klimatisierten Wagen an. Klar kennt er Derek Walcott: »Ich glaube, sein Elternhaus ist dieses dort drüben« sagt er und zeigt auf ein altes, halb verfallenes Holzhaus mit geschnitzter Verzierung an der Dachtraufe – allerdings ohne die fröhlich-karibischen Farben. »Aber ich bin mir nicht sicher, es könnte auch das nächste sein«, sagt er. Das ist ähnlich marode, neben dem Eingang steht ein mit Wellblech vernagelter Schuppen. Der junge Officer kennt zwar Derek Walcott, nicht aber sein Werk. »Das lernen wir nicht in der Schule, da machen wir Shakespeare«, grinst er. »Vielleicht die Kinder heute … Aber die Leute interessiert das nicht, er ist zu weit weg von ihnen.« Das meint auch Oliver, ein alter Mann, der im Schatten der Häuser, ganz eng an der Wand, die Straße heraufkommt. »Ich bin so alt wie er, wir waren praktisch Nachbarn, spielten auf derselben Straße. Aber er hatte es schon als Kind besser, seine Eltern hatten mehr Geld, und er konnte aufs College gehen. Er ist keiner von uns, ist nach Trinidad gegangen für seine Ausbildung, und dann hat er den Preis gekriegt.«

»Der Preis«, das war der Nobelpreis für Literatur 1992. Damals gedachte man überall in der Karibik Kolumbus', der vor 500 Jahren dort gelandet war. Nur in Castries auf St. Lucia stahl der Poet dem Entdecker die Schau: Der Kolumbus-Platz wurde in Derek Walcott Square umbenannt.

Ganz oben: *Im »Krähennest«, der Aussichtsplattform hoch oben am Mast, könnte man stundenlang sitzen – mit Gurtzeug und Seil ist das vollkommen gefahrlos. Hier die »Star Clipper«, die jahrelang in der Karibik unterwegs war.*

Oben: *Meeresschildkröten sind in der Karibik gefährdet, weil sie allzu gerne in Kochtöpfen landen. Nicht so in den Nationalparks wie im Folkstone Marine Reserve auf Barbados.*

Rechts: *Kokosnüsse, Ananas, Melonen, Bananen ... für uns ist die Karibik der reinste Garten Eden. Auch an Bord der »Royal Clipper« ist das Angebot an tropischen Früchten paradiesisch.*

Unten: *Sind manche Viertel auch noch so ärmlich, werden die Häuser doch meist liebevoll gepflegt – mit bunten Farben bemalt oder mit geschnitzten Veranden versehen.*

Oben: *Die Piton-Berge, das Wahrzeichen von St. Lucia, haben es auch auf die Etiketten von Bierflaschen geschafft. Die Lady mit Strohhut bevorzugt natürlich die »Pink Power« des alkoholfreien Malzbiers gleicher Marke.*

Links: *Die Flammenbäume oder Flamboyants mit ihren tiefroten Blüten sind in den gesamten Tropen verbreitet und auch als Alleebäume oder in Parks und Gärten beliebt.*

Hier geht an jenem Sonntagnachmittag »Father Earth« mit seinen Collagen vorbei. Der bärtige Mann propagiert Naturschutz auf St. Lucia – er zieht mit seinen Plakaten über die Insel, geht auf Märkte, besucht Festivals und Schulen. »Plant a tree today«, steht auf seiner Schildmütze. »For every tree cut down, another must be planted«, fordern seine Collagen.

Zwar ist die Zeit vorbei, in der großflächig Regenwald abgeholzt und zu Monokulturen – hauptsächlich Zuckerrohrplantagen – gemacht wurde. Dennoch beginnt man in der Karibik erst langsam, den hohen Wert unbeschadeter Natur zu erkennen. Wald weicht auf vielen Inseln luxuriösen Hotelanlagen und Golfplätzen. In Sachen Naturschutz tut sich lediglich Dominica

Ganz oben: *Palmenwälder sind ein für uns gänzlich ungewohnter, aber in der Karibik häufiger Anblick – und bisweilen so groß, dass sogar Straßen hindurchführen.*

Oben: *Der Inbegriff der karibischen Schönheit: eine ehemalige »Miss West Indies«.*

hervor. Die Insel besitzt den ursprünglichsten tropischen Regenwald und zudem seit 1998 das erste UNESCO-Weltnaturerbe der Karibik, den Morne Trois Pitons National Park. Und sie setzt auf Öko-Tourismus. Father Earth hingegen steht auf seiner Insel einsam da. Ein Großteil St. Lucias ist inzwischen von Sekundärwald überzogen. Teile der abgeholzten Flächen, die einst von Bananen- oder Zuckerrohrplantagen bepflanzt waren, hat sich die Natur zurückgeholt. Nur in den Höhenlagen sind Reste des ursprünglichen Regenwaldes erhalten. Doch der Unterschied ist für Besucher auf den ersten Blick nicht ersichtlich. So zeigt sich St. Lucia insgesamt recht grün und wird auch »Helena der Karibik« genannt. An der zerklüfteten Atlantikküste legen Riesenschildkröten ihre Eier im Sand ab, und im Anse Chastanet Marine Park finden Taucher und Schnorchler Korallenriffe und bunte Fischschwärme.

Wir segeln mit Motorhilfe weiter, als am nächsten Morgen eine halbrunde Kette kleiner grüner Hügel aus dem Meer auftaucht: die Îles des Saintes, die zehn Kilometer vor der Südspitze Guadeloupes liegen. Die Spitzen eines erloschenen Vulkans ragen hier aus dem Meer empor. In den Senken erkennt man Häuser. Im Dschungelgrün, das die Hänge malerisch überzieht, zeichnen sich einzelne Bananenstauden und Palmen ab.

Unten: *Im goldenen Abendlicht verliert die Karibische See ihre türkisblaue Farbe und schimmert mit der untergehenden Sonne um die Wette.*

Eine Leiter aus Drahtseilen und Tauen führt hinauf zum »Krähennest«, wo in den einschlägigen Filmen Piraten Ausschau nach Beute halten. Nicht so auf den Kreuzfahrtseglern (hier die »Star Clipper«): Dort klettern die mehr oder weniger sportlichen Passagiere nach oben ***(links)*** *– und die unten gebliebenen werfen ihnen bewundernde Blicke nach* ***(großes Bild)****.*

Links auf einem Hügel thront das Fort Napoléon – 30 schweißtreibende Minuten oberhalb des Städtchens Le Bourg auf Terre-de-Haut gelegen, einer der beiden größeren Inseln der Îles des Saintes. Man kann nun deutlich einzelne Sandbuchten ausmachen, Bootsschuppen am Meer, eine Handvoll Leute unter Bäumen – vielleicht sind es Fischer –, einen weißen Leuchtturm am Hafen und weiße Veranden, die direkt ins Wasser ragen.

Die »Royal Clipper« ankert ein Stückchen außerhalb des Hafens, und die Passagiere werden mit dem Tender an Land gebracht. Am Hafen laufen sofort die Leute zusammen. Mal sehen, wer uns diese Woche besucht ... Ein Vater fängt seine zwei kleinen Töchter im Badeanzug ein, packt sie, die große hinten, die kleine vorn, auf seinen Motorroller und braust davon. Auf dem Gepäckträger klemmt quer ein Baguette – die Îles des Saintes gehören nämlich zu Frankreich.

Le Bourg ist ein herausgeputztes kleines Städtchen. Man spart hier nicht an den Farben Mintgrün, Rosa, Hellblau und Weiß, die die Häuser mit ihren geschnitzten Balkonen und Veranden zu filmreifen Kulissen machen. Mächtige Gummibäume und blühende Flamboyantbäume entlang der Hauptstraße spenden erholsamen Schatten, während man vorbei an der französischen Gendarmerie, der kleinen katholischen Kirche und der »Mairie« mit der Trikolore durch den Ort spaziert und einen Mini-Supermarkt entdeckt, der von »L'Oréal«-Shampoo bis »Yoplait«-Joghurt das gesamte Sortiment eines französischen Provinzdorfladens feilbietet. Vor der Tür drehen sich fünf Grillhähnchen am Spieß.

Die beiden kleinen Mädchen vom Hafen haben aus der Nestlé-Truhe Eis am Stiel bekommen und sitzen jetzt bei ihrer Mutter, die gegenüber, unter einem von drei Wellblechdächern, ihren Marktstand eröffnet hat. Sie lächelt den beiden mit auseinanderstehenden Zähnen zu und arrangiert auf dem Wachstischtuch Kochbananen, Kürbisse, dicke Petersiliensträuße und Papayas. Daneben liegen in kleinen Plastikkisten Pampelmusen und Yams. Ihr einziger Kunde ist Loïc, Sohn französischer Eltern und auf der Insel geboren. Er erzählt, dass es seit Kurzem sogar eine zwölfte Klasse auf Les Saintes gibt – nur noch zum Abitur müssten die Mädchen der jungen Marktfrau dann nach Guadeloupe. Hinter dem Markt beginnt der Strand. Unter einem Baum mit gelben Trompetenblüten treffen sich die Männer zum Rauchen und Kartenspielen, sieben davon mit raspelkurzen Haaren, fünf mit ewig langen Dreadlocks.

Einige Kreuzfahrer spazieren unterdessen zum Fort, vorbei an Manzinelabäumen, vor denen ein mit der Hand gemaltes Schild warnt: Die Eroberer nannten ihre Früchte, die wie kleine grüne Äpfel aussehen, »Äpfel des Todes«. Und tatsächlich droht bei starker Verätzung der Haut Lebensgefahr, und schon herabfallende Regentropfen verursachen Verbrennungen. Nach Regen sieht es jedoch keineswegs aus, auch wenn manch Wanderer auf dem Weg zum Fort gegen ein paar kühlende Tropfen sicherlich nichts einzuwenden hätte. Oben in der Burg, in der früher Gefangene hinter dicken Mauern ihre Haftzeit abbüßen mussten, erzählt heute ein Museum von landestypischer Kunst und Tradition. Im exotischen Garten des Forts begegnet man schillernden Leguanen, die sich hier oben sicher wähnen, da die Kochtöpfe der Restaurants weit unten in der Bucht brodeln.

Von der Spitze des Bugspriets gesehen sind die Rahsegel ein majestätischer Anblick, wenn sie beim Segelsetzen aus den Rahen, den horizontalen Masten, gleiten. Solche Momente lassen keinen Seebären kalt – und selbst eine waschechte Landratte bekommt glänzende Augen.

Links: *Der Kapitän genießt einen Moment der Ruhe, wenn sich der Wind gelegt und das Schiff sich für die Nacht bereit gemacht hat. Dann übernimmt bisweilen der Motor die Arbeit der Segel, die erst am nächsten Tag wieder ihren grandiosen Dienst tun, und der Kapitän übergibt an den »Zweiten Offizier«, der von 20 bis 24 Uhr die »Erste Wache« schiebt.*

Unten: *Fast allein mit Wind und Meer sind die Passagiere, die sich rittlings auf den Bugspriet wagen. Eigentlich keine große Sache, denn das Klüvernetz ist der »doppelte Boden«, der im Falle eines Falles die »Bugspriet-Reiter« auffangen würde …*

Beim Anblick der Postkartenstrände am Karibischen Meer würde selbst ein Farbkasten vor Neid erblassen – wenn er denn Urlaub bekommen hätte …

Dort macht sich die »Royal Clipper« unterdessen zum Segelsetzen bereit. Die Schekel knarren auf den Edelstahlseilen, als sich die dreieckigen Stagsegel langsam straffen und schließlich strahlend in der Nachmittagssonne stehen. Ganz langsam gleiten die Rahsegel aus den Rahen, den horizontalen Masten, in denen sie – mit Ausnahme derer des unteren Baumes, – ganz modern auf eine motorgetriebene Achse gewickelt, verstaut sind. Hoch über Deck muss kein Matrose mehr akrobatisch auf einem Tau stehend per Hand die Segel reffen oder lösen, wie man es aus vielen Filmen kennt. Die Schoten, Seile an den unteren Enden der Segel, helfen ein wenig mit, die Winden und Taue ächzen, und aus Lautsprechern säuselt »Conquest of Paradise« von Vangelis, die Musik aus dem Kolumbus-Film, und verlangt mancher Seele eine wohlig-schaurige Gänsehaut ab. Die älteren Herren im Skipper-Look bekommen glänzende Augen: »Fünf Masten voller Rahsegel, das is' schon was«, sagt ein 60-Jähriger mit Anker auf der Schildmütze und nickt anerkennend.

Die Insel glänzt silbern im Nachmittagslicht, als Matrosen mit Klettergurten in die Takelage steigen, rittlings auf die unteren Rahen, um nach der Vorstellung jene unteren Rahsegel zu bergen, die von Hand gerefft werden müssen.

Die »Royal Clipper« ankert am nächsten Morgen vor Antigua, in alter Seglertradition in Falmouth Harbour, einer kreisrunden Bucht, die nur durch einen Isthmus von English Harbour getrennt ist. Dieser Hafen war lange Zeit Englands wichtigste Flottenbasis in Westindien, da seine Arme bis weit ins Land hineinreichen und so Sicherheit vor Hurrikans versprechen. Die Kreuzfahrtriesen hingegen ankern heute direkt vor der Hauptstadt St. John's, wo ihre Passagiere, die man an einheitlichen Armbändchen und Sonnenbrand erkennt, von Duty-Free-Shops umgarnt werden.

Manche Schiffe sind so groß, dass sie wie Hochhäuser aus der Bucht ragen, wenn man ein paar Straßen oberhalb des Hafens auf den Treppen der trutzig-grauen St. John's Cathedral steht. Hier oben klingt das Hupen der Autos und Motorroller fern und klein und verschwindet fast hinter dem Summen der Insekten in den rosa und lila Wolken der Bougainvilleen. Der Friedhof um die Kirche ist für die Leute aus der Stadt Park und Spielplatz zugleich: Kinder verstecken sich hinter den Palmen und den blühenden Mimosenbäumen, klettern auf die Gräber – mächtige Steinsärge, wie sie in Europa nur hohe Kirchenherren bekommen oder Kaiser. Manche sind halb eingesunken ins Gras, andere stehen auf Steinpodesten oder sind umkränzt von rostigen Eisenzäunen. Ein

Äußerst ertragreich sind die Fischgründe um die Inseln – zur Freude der professionellen Fischer, aber auch der Hobbyangler und Unterwasserjäger.

Farbenfrohe Karibik: Bunte Häkelmützen und Batikstoffe, bemalte Häuser und imposante Tanzveranstaltungen lassen weder bei Einheimischen noch bei Besuchern Eintönigkeit aufkommen.

kleiner Goanna huscht über die gemeißelten Säulen eines Grabsteines, und ein junges Mädchen in Schuluniform setzt sich mit einem Buch auf eine Marmorplatte, auf die ein Tamariskenbaum seinen Schatten wirft.

Über den heißen Mittagshimmel legt sich ein Dunstschleier. Hohe Wolken türmen sich über der Insel auf und werfen grelles Licht durch die offenen Türen in die wuchtige georgianische Kirche aus grauem Stein.

»Ich – tageslichtlang die Beine gekreuzt – beobachte, wie sich buntfarbige Wolkenfäuste über (...) meiner ausgestreckten Insel ballen.«

Doch die karibischen Wettergötter zeigen sich gnädig und setzen den Wolkenfäusten kurze, aber heftige Winde entgegen, die der verschollenen Sonne schnell wieder ans Tageslicht verhelfen. Ein Glück für die Passagiere, die sich im badewannenwarmen Wasser aalen, ihre Schatten bestaunen, die senkrecht unter ihnen am scheinbar türkisblauen Meeresboden tanzen und ein Plauderstündchen halten. Unterdessen macht sich die Crew am Strand zu schaffen: Das Tenderboot bringt kühle Getränke, köstliche Salate und Grillfleisch an Land, und noch ehe die Sonne eine Chance hat, britische Rücken, amerikanische Nacken und deutsche Dekolletés zu röten, beginnt das ersehnte Strand-Barbecue im Schatten der Palmen.

Am Abend, als im dichten Grün um English Harbour die »whistling frogs«, winzig kleine Frösche, die kaum jemand zu Gesicht bekommt, ihr flötendes Dschungelkonzert beginnen, liegt die »Royal Clipper« glitzernd in der Bucht – unzählige Glühbirnen leuchten in den Rahen und zwischen den Mastspitzen. Die Wolken haben sich verzogen, die tropische Sonne ist untergegangen und hat letzte rosa-gelbe Streifen an den Horizont gemalt, die den Palmen und Kasuarinenbäumen auf den Hügeln eine scharfe Scherenschnitt-Silhouette verleihen. Der Mond ist nur ein schmaler Fingernagel am Westhimmel, der zwischen den Querstreben der Strickleitern auf- und abtanzt. Das Schiff schaukelt sanft auf den Wellen des Abendwindes, und die Eiswürfel klingeln in den Campari-Orange-Gläsern, die die Sonne eben noch zum Glühen gebracht hatte.

Wenig später – die Dämmerung ist kurz in diesen Breiten – wird das Sonnendeck zum Sternendeck. Den Orion kennt man von zu Hause, nicht so die exotischen Sternbilder des Tropengürtels. Einer der jungen Offiziere zeigt den Passagieren Walfisch, Phoenix und Kranich, die auf dem tintenschwarzen Himmel schillern.

»Ich bleibe bei den Sternen auf der Veranda draußen. Auf dem Teller ist das Frühstück erstarrt zum Souper.«

Am nächsten Vormittag, auf St. Kitts, wischt sich im Schreibwarenladen der Hauptstadt Basseterre ein gepflegter feiner Herr mit manikürten Fingern ein paar Schweißtropfen von der Stirn. »Früher, wenn ich jemandem sagte, ich komme aus St. Kitts, wurde ich gefragt: ›Das ist auf Jamaika, oder?‹ Seit Paris kennen viele Leute die Insel«, erklärt er mit wohlartikulierten Worten. Paris, das ist für die Inselbewohner gleichbedeutend mit dem Sieg des 100-Meter-Läufers Kim Collins, 2003 bei der Leichtathletikweltmeisterschaft.

Durch ihn bekam die Zuckerrohrinsel aus britischer Kolonialzeit ein Gesicht, mit dem sie ihre historischen Plantagenhotels und ihren bergigen Regenwald vermarkten kann – und die spektakuläre Frigate Bay, zwei Buchten, von einem Höhenrücken getrennt, der den Rundumblick sowohl auf atlantische als auch auf karibische Strände freigibt.

»Vielleicht wird die Jugend wieder mehr Sport treiben und weniger Blödsinn machen«, meint der vornehme Herr, und Sandra, die Verkäuferin in dem Schreibwarenladen, erinnert sich an den großen Tag: »Wir hatten hier einen Fernseher aufgestellt, und es war so voll, dass man fast nicht mehr atmen konnte. Als er es dann tatsächlich schaffte, sind alle ausgeflippt – es gab einen Autokorso über die ganze Insel, alle feierten, und es war noch schöner als der Tag der Unabhängigkeit.«

Dabei war der Plan von Kim Collins einfach nur, am schnellsten zu laufen. Seine Landsleute aber sehen darin viel mehr: Ihre Insel ist ab diesem Moment auf der Weltkarte erschienen. Er hat sie erschaffen, jetzt gehören sie dazu.

Es scheint, als hätte der junge Sportler ganz unbewusst das vollbracht, was der alte Dichter Walcott trotz seiner internationalen Erfolge nicht geschafft hat: die einfachen Leute seiner Heimat anzusprechen, ihnen eine Identität zu geben, die sie verstehen. Kim Collins hat dafür 10:07 Sekunden gebraucht. Doch Walcotts Werke leben jenseits der Stoppuhr – in ihrer eigenen Poesie der Karibik. Dazu gehört natürlich auch die Natur der Inseln, die wohl nirgends so ursprünglich erhalten ist wie auf Dominica.

»Diese Palmen sind größer als Versailles, denn kein Mensch machte sie.«

Kokospalmen sind das Karibik-Klischee schlechthin. Dabei stammen sie überhaupt nicht von den Inseln, sondern aus Südostasien. Von dort sollen Kokosnüsse übers Meer getrieben und am Strand angeschwemmt worden sein. Dort trafen sie auf fruchtbaren Boden und ein ähnliches Klima wie »zu Hause«. Heute werden sie in Hotelgärten angepflanzt, um den Gästen ein möglichst authentisches Karibik-Gefühl zu vermitteln …

Tropical

__Oben:__ Köstlichen Kopfschmuck trägt diese Frau mit dem mitreißenden Lachen.

__Links:__ Nicht nur auf die nördlich gelegenen Windward Islands, sondern auch auf die Grenadinen im Süden der Kleinen Antillen führt eine Kreuzfahrt der »Royal Clipper«. Grenadas Hauptstadt St. George's bietet hier einen wunderbaren Ankerplatz, den Naturhafen Carenage, von dem aus der hübsche Ort mit seiner französischen und britischen Kolonialarchitektur gut zu erkunden ist.

Mitte: *Mit etwas Durchhaltevermögen erfährt man von diesem Schild, wo's langgeht… Es fehlt lediglich der Hinweis auf die wunderschönen Flamboyantblüten* **(links oben)***, auf die Muskatnüsse in der Schale* **(links unten)** *und küchenfertig* **(rechts unten)** *– und auf die Schaukel, die Papa seinen hinreißenden kleinen Mädchen gebaut hat* **(rechts oben)***.*

Boucaniers
COIFFURE
ER / TAKE OUT
STE
AURANT
CE CREAM BAR
E-NIQUE
EMPORTER / TAKE OUT
AÇONS / ICE SALE
R / TAKE AWAY
FÉ COTON

Die Insel setzte den Menschen geschickt Hindernisse in den Weg – steile Berge und tiefe Schluchten – und so galt sie lange Zeit als zu unwegsam, um umfassend erschlossen zu werden. Dieser Nachteil erweist sich heute als großes Glück, sind dadurch doch die ursprünglichen tropischen Regenwälder erhalten geblieben.

Die »Royal Clipper« ankert jedoch vor einem anderen äußerst sehenswerten Stückchen Natur, mit dem Dominica ganz im Nordwesten aufwartet: Im Cabrits-Nationalpark, auf einer Halbinsel gelegen, sind nicht nur Baumriesen, Sumpfgebiete, mannshohe Farne und seltene Tierarten zu bewundern – gleichzeitig thront hier das historische Fort Shirley inmitten des Urwaldes, und auch das fischreiche Meer mit seinen unterseeischen Höhlen, Korallenriffen und etlichen Wracks entzückt Besucher, die mit den schiffseigenen Tauchlehrern auf Entdeckungstour gehen.

Die Luft ist um diese Zeit sehr feucht, Wolken hängen in den Gipfeln der höheren Berge und schmälern die legendäre Farbe des Meeres. Der Blick vom Fort, dem einstigen Hauptquartier der britischen Armee, schweift weit hinunter auf die Prince Rupert's Bay, in der die »Royal Clipper« vor Anker liegt. Auf dem Wanderpfad geht es weiter hinauf zu einem Aussichtspunkt. Hin und wieder erscheint für die Dauer eines Lidschlags eine der etwa armlangen, schwarzgelb gemusterten Schlangen, Eidechsen hüpfen wie Grillen vorüber, um dann in gewohnter Eidechsenmanier ins Unterholz zu huschen, und beiderseits des Weges lehnen sich kleine schwarze Termitenhügel an die Bäume an.

Oben: *Die Monameerkatze lebt in der Grand Etang Forest Reserve auf Grenada. Ursprünglich stammt sie aus dem westlichen Afrika, von wo aus Sklaven sie in die Karibik mitbrachten. Auf einer herrlichen Wanderung rund um den Grand Etang begegnet man mit etwas Glück den possierlichen Tieren mit dem buschigen Backenbart – oder auch Mungos, Kolibris und den langschnäbeligen Doktorvögeln.*

Links: *»Red Ginger« (roter Ingwer) nennt sich diese tropische Schönheit, die wesentlich größer wird als der essbare »echte« Ingwer. Dessen Wurzeln empfehlen viele Seeleute übrigens wärmstens gegen Seekrankheit.*

Links: Die hohe Luftfeuchtigkeit in den Tropen sorgt für üppige Vegetation, wie dieses Beispiel von dichtem Regenwald zeigt. Sonnenstrahlen malen, wenn sie aus dem Rücken des Betrachters auf Wolken treffen, oft einen Regenbogen – besonders eindrucksvoll vor sattem Grün.

Unten: Durch Grenadas bergige Landschaft entstehen zahlreiche Wasserfälle, die in der tropischen Hitze erfrischende Badepools schaffen. Die Annandale Falls liegen nur wenige Kilometer außerhalb der Hauptstadt St. George's.

Linke Seite: *Die Tobago Cays auf der Grenada-Route der »Royal Clipper« sind Badeinseln wie aus dem Bilderbuch. Hier: der Blick von Petit Rameau Island auf die türkisblaue Karibische See.*

Oben und unten: *Nur Sand, Brandung und glasklares Wasser – die perfekten Zutaten für einen gelungenen Ferientag. Oder darf's noch eine Palme und ein kleiner Kiosk dazu sein (oben), um Schatten und einen kühlen Drink zu bekommen?*

Ganz oben, am Aussichtspunkt, den eine alte Kanone ziert, reißt der Himmel plötzlich auf: Im Westen umspielt die Sonne die Îles des Saintes, und dahinter im Dunst lässt sich schemenhaft Guadeloupe erkennen. Fast aus der Vogelperspektive zeigt sich hier die Inselwelt, und man möchte sich gar nicht trennen von diesem Anblick – aus Sorge, es könnte bereits ein erster Abschied sein. Um mit Derek Walcott zu sprechen:

»Ich sah zu, wie die Insel die zarte Schrift
Des Schaumes um die Klippen schmaler machte,
Dann die Straßen so klein und nebenhin wie Zwirn
Auf ihren Bergen; ich sah wie die Maschine sachte
Drehte und auf Nordkurs ging und oben nochmals drehte
Über dem offenen Kanal mit der grauen See zwischen
Den Inselchen der Fischer, bis alles, was ich liebe,
Umwölkt war.«

Unten: *Mit unzähligen Lämpchen hat sich die »Royal Clipper« für die Nacht fein gemacht.*

Rechts: *Wie heute die »Royal Clipper«, so kreuzte einst die »Star Clipper« durch die Karibik: der Stolz ihres Kapitäns – und natürlich all ihrer Passagiere.*

Folgende Doppelseite: *»Gute Nacht, Royal Clipper!«* **(großes Bild)** *–* *»Gute Nacht, Karibik!«* **(oben).**

Marie Krafft als Galionsfigur der »Royal Clipper« – als hielte sie Ausschau nach neuen Kreuzfahrtzielen.

GALIONSFIGURENSCHNITZER

Sie geben Schiffen ein Gesicht

Birgit und Claus Hartmann, ein Ehepaar, sind Europas einzige Galionsfigurenschnitzer. In ihrem auf der Weserinsel Harriersand nordwestlich von Bremen gelegenen alten Bauernhaus stehen oder hängen maritime Souvenirs aus aller Welt. Am auffälligsten: eine historische Galionsfigur. Es ist ein überlebensgroßer Chinese in rotem Gewand, der einst den Bug eines schnellen Seglers schmückte. All das schafft die richtige Atmosphäre, denn der Raum dient auch als Besprechungszimmer, wenn Schiffseigner oder Yachtbesitzer hier ihre Wünsche nach einer Galionsfigur persönlich vortragen wollen. Einer von ihnen war der Reeder Mikael Krafft. Er wollte den Bug seiner »Royal Clipper« mit einer Galionsfigur schmücken – einer Skulptur seiner Tochter Marie.

Birgit Hartmann, ausgebildet in Kunst und Design, nahm zunächst in Berlin einen Gipsabdruck vom Gesicht der damals 20-jährigen Marie. Dann ging es damit zurück in die Werkstatt auf die Weserinsel. Da hing 1999 unter einem Flaschenzug ein tonnenschwerer Holzblock aus geleimten Yellow-Pine-Platten, einer nordamerikanischen Kiefernart. Langsam entstand daraus mithilfe einer von Birgit geführten Kettensäge die Figur der jungen Frau: ein Arm an den Oberkörper gelegt, die Hand des anderen Armes über den Augen, den Blick in die Ferne gerichtet – Marie Krafft.

Galionsfiguren sind fast so alt wie die christliche Seefahrt. »Wahrscheinlich wollte man damit freundlich gesinnte Geister einladen, Wohnung auf einem Schiff zu nehmen«, sagt Hartmann. Nach einer anderen Version sollte

***Oben links:** Erster Bleistiftentwurf der Galionsfigur im 3/4-Profil. **Mitte:** Vom Kopf her tasten sich die Künstler an die Gesamtfigur heran. Links unten die Gipsmaske von Marie Krafft. **Rechts:** Das Schnitzen der Pupillen erfordert besondere Sorgfalt. Nach den allerletzten Handgriffen an Iris und Pupille erscheint die Figur plötzlich wie zum Leben erweckt.*

eine Galionsfigur den Kurs des Schiffes beobachten und es vor Unglück bewahren. Schiffe ohne Galionsfigur, so wird berichtet, hatten anfangs sogar Schwierigkeiten, eine Mannschaft anzuheuern. Als das Kaperschiff »General Armstrong« versenkt werden musste, um nicht in Feindeshand zu fallen, bestand die Mannschaft darauf, die Galionsfigur zu retten. Trotz heftigen Kanonenfeuers wurde sie abgesägt und in einem Boot in Sicherheit gebracht. Die »Flying P-Liner« der Hamburger Laeisz-Reederei besaßen statt Galionsfiguren immerhin eine sogenannte Krulle, eine außenbords angebrachte Verzierung, die in eine umfangreiche Bugornamentik überging. Ein solches Schnitzwerk würde heute jedoch eine sechsstellige Summe überschreiten. Außerdem wollte Krafft für die »Royal Clipper« lieber eine menschliche Figur am Bug haben. Birgit Hartmann: »In früheren Zeiten war es durchaus üblich, dass Abbildungen des Reeders oder seiner Familienangehörigen als Galionsfiguren dienten.«

Die Arbeit beginnt meist mit der Kettensäge. Das Werkstück erhält nach einer Zeichenvorlage maschinell die groben Konturen. Die Feinarbeit erfolgt per Hand. Am Ende wird das Holz in aufwendiger Schleifarbeit geglättet. Dann folgt die Grundierung und schließlich die Bemalung. Den letzten Anstrich erhält die Figur, wenn sie bereits am Bug des Schiffes befestigt worden ist. Galionsfiguren der Hartmanns sind heute in vielen Privathäusern der Welt und an Segelschiffen auf allen Meeren zu bewundern. Dazu gehören die ukrainische »Khersones«, die russische »Sedov« und die deutsche »Lili Marleen«. Auch die russische »Mir«, der kanadische Dreimaster »Concordia« und der Kreuzfahrtsegler »White Shark« schmücken sich damit. Auf dem Kreuzfahrt-Motorschiff »Deutschland« der Deilmann-Reederei steht eine von den Hartmanns geschaffene Skulptur des Klabautermanns.

Eigentlich ist Hartmann Arzt und müsste mit »Herr Doktor« angeredet werden. Medizin studierte er auf der privaten Elite-Universität Witten/Herdecke. Doch die maritimen Gene überwogen: Ein Urgroßvater war Kapitän und hinterließ nach seinem Tod eine Sammlung kostbarer Galionsfiguren. Hartmanns Vater, von Beruf Architekt, restaurierte die Figuren. Dadurch angeregt, begann Claus Hartmann als 17-Jähriger selbst mit ersten Schnitzarbeiten, wenn er in den Ferien zur See fuhr. »Als ich dann eine Figur für ein paar Hundert Mark in London verkaufen konnte, hat es mich wohl gepackt.« 1994 gründete er seine Werkstatt für Schiffsbildhauerei. Die Galionsfigur für die »Royal Clipper« war im Jahr 2000 das bis dahin größte Werk der Hartmanns.

Befestigung der etwa 500 Kilogramm schweren Figur in der Merwede-Werft in Rotterdam.

»Das Schiff gehört den Passagieren«, so die Devise. Manch einer entdeckt den Bugspriet als seinen Lieblingsplatz und will das Rauschen des Meeres unter sich nicht mehr missen.

DOLCE VITA UNTER VOLLEN SEGELN

Im »Land, wo die Zitronen blüh'n«

Die Tür zum Dining Room fliegt auf, ein Matrose stürzt herein und ruft: »Stromboli, Stromboli!« Die Passagiere in Anzug und Abendkleid, die eben noch den Einzug der Funken sprühenden Eistorte als Höhepunkt des Captain's Dinner beklatschten, hält nichts mehr auf ihren Plätzen. Sie greifen nach den Champagnergläsern, um dann sofort hinaus an Deck zu hasten und auf das sagenhafte Naturschauspiel anzustoßen: In der unheilvoll dunklen Gewitternacht über den Liparischen Inseln wälzen sich zwei rot glühende Lavaflüsse den Berg hinab, verästeln sich ein wenig, geben hier und da ein kleines Funkenkonzert, aber vor allem ein fulminantes Duett mit den lang anhaltenden schwefligen Blitzen am pechschwarzen Himmel.

Der Berg Stromboli, der seiner Insel auch den Namen gibt, ist der einzige regelmäßig aktive Vukan des kleinen Archipels vor Sizilien, in dessen Zentrum die Hauptinsel Lipari liegt. Die sieben schroffen Schönheiten mit ihren schwarzen Lavaständen wurden im Jahr 2000 von der UNESCO zum Weltnaturerbe geadelt, nachdem sechs Jahre zuvor »il postino«, der Postbote aus dem gleichnamigen Film, an den Klippen entlanggeradelt war. Sonst passiert nicht viel auf den Inseln, und so ist die Ankunft der »Royal Clipper« vor Lipari definitiv das Ereignis des Tages. Doch die Passagiere verteilen sich schnell über die Insel: Während eine Handvoll in Lipari-Stadt bleibt und durch die Läden im Zentrum streift, um die legendären Kapern der Nachbarinsel Salina zu erstehen, entscheiden sich andere für eine Motorrollertour vorbei an den vielen gelben Ginsterhängen. Wieder andere genießen den Blick vom Sonnendeck aus, und manche ziehen einen Aufenthalt unter Wasser vor, denn in diesem abgelegenen Winkel des Tyrrhenischen Meeres ist die Sicht meist fantastisch. Im Wasser vor den mystischen Felsnadeln an der Küste tummeln sich Oktopusse, und der Ginster duftet bis weit aufs Meer hinaus.

Die Liparischen Inseln sind die letzte Station auf dem Mittelmeertörn der »Royal Clipper« entlang der italienischen Westküste – dem »Land, wo die Zitronen blüh'n«. Die Pontinischen Inseln, Sorrent, Capri, Amalfi und Sizilien laden zu weiteren lohnenswerten Landgängen ein: wilde Steilküsten mit malerischen Badebuchten, altehrwürdige Luxushotels und Seebäder, blühende Mohnwiesen und Ginsterhänge, karge Vulkanlandschaften und Fischerdorfromantik.

Doch manchmal beginnt alles ganz anders: Am ersten Abend nach der Einschiffung in Civitavecchia liegt das Meer müde im Hafenbecken – und es beginnt zu regnen. Das sonst so spektakuläre Segelsetzen entfällt; der Regen prasselt auf eine Plane der Tropical Bar, während unten am Kai Matrosen die Leinen lösen und die »Royal Clipper« in See sticht, fast unbeachtet von den Passagieren, die sich – ganz nach Seglermanier – mit einem Bier über die Flaute hinwegtrösten.

Rechts: *Diese Lady an Bord der »Royal Clipper« freut sich auf den Landgang in Capri, wo ihr am Hafen der freundliche Portier des Luxushotels »Caesar Augustus« begegnen wird.*
Unten: *Ein gutes Omen für die Reise: Der Besuch des Meeresgottes Oceanus im Trevi-Brunnen von Rom.*

Noch am nächsten Morgen bemalen zarte Wolkenschleier den Himmel hellgrau, in dem die Masten wie Wolkenkratzer, aus einer Hochhäuserschlucht beobachtet, zusammenzuwachsen scheinen. Ein Matrose poliert die Messingglocke, ein anderer schleift dünne Holzlatten ab, während ein älterer Japaner mit mächtigem Teleobjektiv seemännische Alltagsmomente zum pittoresken Motiv macht.

Dann erscheinen im Dunst die Pontinischen Inseln – ein Archipel vor der Küste Kampaniens, zwischen Rom und Neapel. Von Ferne sehen sie aus wie eine karge Felsenkette im Meer, gelbe und graue Flecken stechen aus dem Grün hervor, das die Kämme überzieht. In fünf, sechs Senken am Meer liegen wie hingewürfelt Häuser, einige der Dörfchen bedecken gar die Hänge – und die Sonne wirft helle Flecken auf die Insel.

Der Kapitän steht an seinem Pult an Deck und gibt dem Steuermann Anweisungen: »Midships«, sagt er, »Midships, Captain« – »Thank you«. Inzwischen

Links: *In der Blauen Grotte schmettern selbst ernannte »Capri-Fischer« ihre hinreißend kitschigen Lieder, während die Passagiere über das Farbenspiel staunen.*

Unten: *Auf dem Sonnendeck mit seinen drei Pools vertieft man sich bei Flaute in die Urlaubslektüre – und sieht bei steifer Brise den Matrosen bei der Arbeit zu.*

Vorherige Seite: *Im Frühling blüht der Mohn auf den abgelegenen Pontinischen Inseln, die mit ihrer Hauptinsel Ponza vor der italienischen Westküste zwischen Rom und Neapel liegen.*

Rechts: *Die würfelförmigen Häuser des Ortes Ponza, im Südosten der gleichnamigen Insel gelegen, gruppieren sich um den kleinen Hafen und entlang der Berghänge. Vor allem Freunde der Unterwasserjagd machen hier Ferien.*

sind die einzelnen Häuser am Hafen von Ponza erkennbar: Dunkelrot, gelb und weiß reihen sie sich am Pier dicht aneinander. Links auf einem Felsvorsprung steht ein Leuchtturm, davor ein Friedhof mit einzelnen Grabhäuschen.

Mit ohrenbetäubendem Rattern saust die Ankerkette auf Grund. Jetzt kann man Höhlen über dem Wasser erkennen, Terrassenhänge mit Ginsterblüten und rotem Mohn, und eine Handvoll Taucher, die ein Boot mit Flossen, Flaschen und Masken beladen. Ein paar Fischer und einige Schaulustige, die das riesige Segelschiff bestaunen, stehen an der Hafenmauer, als die ersten Passagiere an Land gehen.

»Wir sind nicht auf Capri«, lacht einer der Fischer, als er nach dem schönsten Café der Insel gefragt wird. »Probieren Sie's mal dort oben, einen ›caffè‹ bekommen Sie sicher.« Unter den hellgelben Arkaden oberhalb des Hafens hat man durchaus eine kleine Auswahl an Cafébars, wenngleich der Service auf der Terrasse an diesem Mittag ein wenig zu wünschen übrig lässt. Kein Wunder, denn im Halbdunkel des kühlen Raumes verfolgt man ein Formel-1-Rennen im Fernsehen.

Am linken Ende der Arkadenfront führt eine Gasse aus groben Bruchsteinen den Hang hinauf. Am Rand sind die Steine blendend weiß gekalkt, in Betontrögen wachsen Geranien in Rosa und Rot, und an den Mauern Tamarisken. Ein Jeep kreuzt den Weg, ein kleiner Junge kickt in der flirrenden Mittagshitze seinen Fußball gegen die Hausmauer. Ponza hält Siesta.

Im Innenhof der Kirche SS. Silverio e Domitilla, einem gelben Gebäude mit byzantinischer Kuppel, zwitschern Vögel wie im Dschungel. Oben am Terrassenhang stehen hinter Bruchsteinmauern verwilderte Weinstöcke, der Mohn malt rote Kleckse in die grünen Parzellen und der Wind silberne Flecken weit unten aufs Meer. Klein wirkt die »Royal Clipper« von hier oben aus, doch wenn man die Augen zusammenkneift, kann man sogar die einzelnen Liegestühle an Deck erkennen.

Nach einiger Zeit erwacht Ponza aus der Siesta. Am Hafen hieven die zurückgekehrten Taucher ihre Ausrüstung wieder aus den Booten, und das »Taxi-Pesce« tuckert vorbei, doch ohne Ware, denn jetzt ist nicht die Zeit, Fische zu verkaufen.

Alles, was mit Zitronen zu tun hat, verkauft sich jedoch immer. Das beweist Sorrent am nächsten Tag: In den steilen Gassen reiht sich ein Limoncello-Geschäft ans nächste, dazwischen Töpfereien, die Krüge und Schüsseln mit Zitronenmotiven verkaufen. Und mittendrin die Sedile Dominova, eine prachtvoll bemalte Loggia aus dem 15. Jahrhundert, in deren offener Vorhalle sich die Rentner von Sorrent zum Kartenspielen treffen. Im Mittelalter war die mit Fresken verzierte Halle Versammlungsort der Adeligen, im 19. Jahrhundert Sitz eines Arbeitervereins und heute sozialer Knotenpunkt für 300 ehemalige Mitglieder. Nicht weit entfernt von diesem stimmungsvollen Ort

Linke Seite: *Die »Royal Clipper« hat alle Segel gesetzt – insgesamt eine Fläche von etwa 5000 Quadratmetern. Auf jeder Kreuzfahrt dürfen die Gäste einmal mit dem Tenderboot das Schiff unter vollen Segeln umkreisen, um die Bilder im Fotoalbum – oder auch die im Kopf – zu vervollständigen. Meist startet der »Foto-Tender« im warmen Licht des späten Nachmittags.*

Rechts: *Capri ist mehr als nur eine Insel in der Provinz Neapel. An den Villen und Swimmingpools, die sich in die Steilhänge schmiegen, erkennt man, dass hier der Geldadel Hof hält. Doch zu den herrlichen Aussichtspunkten, die den Blick auf die »verfluchte blaue Limonade« gestatten, wie Bertholt Brecht das Meer um Capri nannte, haben alle Zutritt. Und wenn man die Via Camerelle mit ihren Edelboutiquen hinter sich gelassen hat, zeigt die Insel ihr urwüchsiges Gesicht aus schroffen Klippen und blauem Meer.*

staunen im Klostergarten von San Francesco mit seinen Yuccas, Mandelbäumen und Bananenstauden die Besucher über die fantastische Aussicht auf den Golf.
Die Steilküste des Orts ist eine Nordwand, und so hat die Sonne keine Chance, auch nur ein kleines Eckchen der Buchten, die sich in den Hang kuscheln, zu erreichen. Doch die Sorrentiner wissen sich zu helfen: T-förmige Badeplattformen recken ihre Köpfe hinaus aus dem Schatten, und so reihen sich an dem schmalen Stadtstrand nur die bunten Holzhäuschen der verschiedenen Badeanstalten aneinander, die Sonnenanbeter jedoch finden ihr Glück draußen auf den Stegen im Meer.

»Man geht hier einen Freund nicht besuchen, man klettert oder rutscht.«
John Steinbeck

Von Sorrent aus, auf der Nordwestseite einer Halbinsel im Golf von Neapel gelegen, ist es nur ein Katzensprung nach Capri, und die Passagiere machen es sich unterdessen auf den Liegestühlen an Deck bequem. Doch bald schon ankert die »Royal Clipper« vor Marina Grande, dem Hafen der sagenumwobenen Insel. Vom Anleger aus bringt die »Funicolare«, die rote Standseilbahn, die Gäste den steilen Hang hinauf nach Capri-Stadt. Nach fünf Minuten steht man auf der Piazza Umberto I, von Eingeweihten nur »la Piazzetta« genannt, mit ihrem kachelbesetzten Glockenturm, den Luxus-Boutiquen von Todd's und Co., und den Cafébars, in denen man sich zeigt, bevor die rote Sonne im Meer versinkt. Wenn die Tage im Frühjahr noch kurz sind, ist das Café Tiberio der Platz der Wahl, denn dort sammeln sich die letzten Sonnenstrahlen, bevor sie über die Bougainvilleen streifen, die das gelbe Rathaus hinaufklettern, und den Platz dem Schatten überlassen.

Durch verschachtelte Gässchen gelangt man zu eleganten Anwesen mit dunkelgrünen Toren und Video-Türsprechanlagen, die dezent darauf hinweisen, dass Geld auf der Insel inzwischen mehr zählt als die Kunst des Fischfangs. An duftenden Zypressen und Schirmpinien vorbei führt der Weg hinauf in die Stille des Belvedere Cannone, einer Aussichtsplattform hoch über Marina Piccola, dem kleinen Hafen auf der Rückseite der Insel. Möwen scheinen regungslos in der Luft zu stehen, über blühenden Scheibenkakteen und verblühten Agaven. Die Sonne ist gerade hinter den Felswänden im Westen verschwunden, ein letztes Bündel Strahlen sitzt noch auf dem höchsten weißen Würfelhaus oberhalb des Ortes – nicht so auf den Faraglioni-Felsen, dem Wahrzeichen der Insel. Smaragdgrün und Schwarzblau teilen sich das

Links: *»Faraglioni« nennen sich die nadelförmigen Felsen, die Wahrzeichen von Capri. Die junge Schöne (**links unten**) kann sich an dem Anblick nicht satt sehen.*

Unten: *Die Rentner des Arbeitervereins gehören fast schon zum Inventar der Sorrenter Sedile Dominova, einer malerischen Loggia aus dem 15. Jahrhundert.*

Rechte Seite: *In Marina Grande (**oben**), dem stimmungsvollen Hafen von Capri, gehen die Passagiere der »Royal Clipper« an Land. Die »Funicolare« (Bergbahn) rattert mit den Gästen in etwa fünf Minuten durch Zitronenhaine hinauf nach Capri-Stadt.*

*Diese Dame handelt, wie so viele in der Gegend, mit Zitronen – und scheint auch noch Spaß dabei zu haben. Niemand darf weiterreisen, ohne den köstlich-klebrigen Zitronenlikör »Limoncello« probiert zu haben (**unten**).*

Bibite
Fredde
Cold
Drinks
Kältegetränke
CAPRI
WINE

Meer: Eine Handbreit vom Ufer entfernt finden noch kleine Revierkämpfe statt, weiter rechts mischt sich ein olivgrüner Ton ein, und weit draußen ist die Dunkelheit unumstrittener Sieger.

»Kein Ort Italiens hat diese Weite des Horizonts, diese Tiefen des Gefühls.«
Curzio Malaparte

Die »Royal Clipper« hat sich inzwischen für die Nacht herausgeputzt: Wie auf einem Christbaum glitzern die Lichterketten in den Rahen und zwischen den Mastspitzen. Der Tender bringt die letzten Passagiere an Bord, und die Fahrt geht weiter Richtung Amalfi.

Der Zweite Offizier, der auch für die Sicherheit an Bord zuständig ist, hält »Erste Wache« (20 bis 24 Uhr) – und später die »Morgenwache« (8 bis 12 Uhr). Er steht im Kartenhaus, das ein dicker Filzvorhang vom Rest der Brücke abtrennt. Um diese Zeit ist es egal, ob das Schiff auf dem Siebentagetörn entlang der italienischen Westküste unterwegs ist oder auf der großen Kreuzfahrt rund um den »Stiefel« – von Venedig über Kroatien und Montenegro nach Korfu, um von dort auf »unserer« Route nach Rom zu fahren. Im Kartenhaus brennt jetzt eine kleine Bibliothekslampe über einer Spezialkarte, auf der Zirkel und Bleistift und kleine Zettelchen mit Zahlen und Kritzeleien liegen. Doch die klassische Navigationsarbeit ist selten geworden, die Bildschirme auf der Brücke weisen den Weg, dem der Autopilot folgt. Der Offizier stellt vor: GPS, Funk, Satellitentelefon und verschiedene Radargeräte – eines zum Darstellen einzelner Felsen und Inselchen und ein anderes, das man bei Nebel und Regen braucht. Und das gehört auch zum Service an Bord: Wer Lust hat, kommt einfach auf der Brücke vorbei, und der Diensthabende lässt keine Frage offen. »Ach, unser wichtigstes Gerät für die Nachtwache hätte ich jetzt beinahe vergessen,« sagt er und lacht. »Dort hinten, gleich um die Ecke, da steht die Kaffeemaschine.«

Am nächsten Morgen, als die »Royal Clipper« vor Amalfi festmacht, schiebt der Zweite Offizier schon die nächste Schicht. Er wird nichts von der Stadt sehen, von den russisch-orthodoxen Mönchen und Nonnen, die, ganz in Schwarz gehüllt, die Treppe hinauf zum Dom mit seinem prachtvollen Goldmosaik pilgern und den Kopf des heiligen Andreas auf dem grünen Bronzeportal küssen. Er wird die drei Schulklassen italienischer Zehnjähriger verpassen, die »Bellissimo!« rufen, als sie mit ihren orangefarbenen Schirmmützen auf den Köpfen auf den Domplatz einbiegen – und er wird sich deshalb auch nicht fragen, ob deutsche Schulkinder auf der Domplatte in Köln wohl auch nur annähernd so begeistert wären. Und noch etwas wird ihm entgehen: Die »brutti ma buoni«, die »Hässlichen aber Guten«. Das sind unansehnliche, aber köstlich-knusprige Nussgebäckhäufchen, die es nur in der Snackbar »Lo Scugnizzo« (»Der Lausbub«) in der Hauptstraße von Amalfi gibt.

Linke Seite: *Bougainvilleen erklimmen den Dom von Amalfi. Das majestätische Gotteshaus wurde vor gut 1000 Jahren, in der Hochzeit der Seerepublik Amalfi, erbaut und ist heute die wichtigste Sehenswürdigkeit des Ortes.*

Links oben: *Manchmal hängen morgens die Wolken tief über den Hügeln der Amalfiküste, doch schon im Laufe des Vormittags siegt die Sonne und gibt dem Meer sein tiefes Blau zurück.*
Links unten: *Wer möchte, packt mit an auf der Royal Clipper – natürlich mit fachkundiger Betreuung. Wer lieber anderen bei der Arbeit zusieht, als sich selbst zu bemühen, darf das selbstverständlich auch.*

Tutti cca-birreria
ARTE

»Wer von hier ins Paradies kommt, für den bleibt alles beim Alten.«
Schild am Ortseingang von Amalfi

Ein weiterer Leckerbissen an der Amalfiküste ist die Grotta dello Smeraldo. Ernesto, ein Unikum mit Kaiser-Wilhelm-Bart, rudert mit seinem Boot Gäste durch die Smaragdgrotte. Sie wird so genannt, weil das Sonnenlicht durch ein großes Felsenloch unter Wasser in die Höhle eindringt und es smaragdgrün färbt. »Lookie, lookie!«, ruft Ernesto in seinem hinreißenden Mix aus Englisch und Italienisch, und deutet auf einen Stalagmiten, der Garibaldis Konterfei ähnelt. »Imagination, fantasia!«, fordert er von seinen Gästen. Und dann kommt sein großer Auftritt: Er wirbelt mit dem Ruder wie mit einem Schneebesen das Wasser auf, dass grünlich schillernde Bläschen aufsteigen. Das ist anstrengend, und seine Stimme vibriert: »And the water tuuurn, tuuurn, tuuurn…«, ruft er laut. Dann hält er inne: »And the water the stop!«, schreit er, und brüllt: »MIRAAA-COLOOO!« Am Grunde der Grotte erscheinen im smaragdenen Wasser Statuen von Josef, Maria und dem Jesuskind in der Krippe – »In memory the fisher who find grotta«, erklärt Ernesto, und sein Publikum tobt vor Begeisterung.

Solch einen Auftritt hätte sich wohl auch die Eistorte gewünscht, am Abend des Captain's Dinner, nach der Rede das Kapitäns über das Meer und die Liebe. Doch die Natur entwirft die Dramaturgie auf einer Segel-Kreuzfahrt, schickt Wind oder Flaute, wilde Wellen oder spiegelglatte See. Oder sie lässt den Stromboli Feuer speien – und dagegen ist auch eine komplette Schiffsmannschaft mit Wunderkerzen schlichtweg machtlos.

*Die sizilianische Folkloregruppe »Gruppo Folk Naxos« sorgt abends für Stimmung an Bord (**rechts oben**), nachdem sich die Passagiere tagsüber durch die Torrone-Berge der Konditoreien gefuttert (**rechts**) und an den romantischen Anblicken von Taorminas Altstadt erfreut haben (**linke Seite und unten**).*

Die »Royal Clipper« kreuzt im Abendlicht vorbei an der Insel Stromboli, gesehen aus dem Klüvernetz. Der aktive Vulkan Stromboli gehört zu den Liparischen Inseln vor der Nordküste Siziliens. Auf seiner Nordwestseite liegt die »Sciara del Fuoco« (Feuerrutsche), über die die Lava des Vulkans manchmal ins Meer hinabfließt. Besonders eindrucksvoll ist das Spektakel während einer Gewitternacht.

Spektakulär ist der Blick hinauf in das sich straffende Tuch ***(rechts)*** *beim Segelsetzen und hinab vom »Krähennest«* ***(ganz oben)****. Das »Sports Team« der »Royal Clipper« bietet das Abenteuer »Mastklettern« ein paarmal auf jeder Reise an – natürlich gesichert mit Seil und Gurt.*

Oben: *Einfahrt des Schiffes in den Kotor-Fjord auf dem Rom-Venedig-Törn der »Royal Clipper«. Diese Kreuzfahrt führt entlang der Amalfiküste nach Sizilien und über Korfu, Montenegro und Kroatien nach Venedig.*

Die »Royal Clipper« liegt vor der fast 2000 Jahre alten montenegrinischen Stadt Kotor. Deren herrlichen fjordartigen Naturhafen schützt eine 1700 Meter hohe Bergkette.

Dubrovnik, die kulturelle Hauptstadt Kroatiens, mit ihrer sensationell erhaltenen fast zwei Kilometer langen Stadtmauer. Seit 1997 gehört die gesamte Altstadt zum Weltkulturerbe der UNESCO.

Oben: *Die »Stradun« ist die Hauptstraße in der Altstadt von Dubrovnik, die das westliche und das östliche Stadttor verbindet.*

Unten: *Die serbische Dixie-Jazzband »Orkestar Dzipsi Trik« vor ihrem Auftritt in Kotor.*

Rechts: *Hvar mit seiner imposanten »Spanischen Festung« und dem Hafen ist die Hauptstadt der gleichnamigen kroatischen Insel, der viertgrößten in der Adria.*

Links: *Blick vom Klüvernetz beim abendlichen Auslaufen der »Royal Clipper«.*

Links unten: *Die Jahrhunderte haben das Kopfsteinpflaster in der Altstadt der istrischen Stadt Rovinj blank poliert.*

CUCCHI

GONDOLA SERVICE

Markus und der Goldene Löwe auf dem Markusdom in Venedig – eine der, wenn nicht die besterhaltene byzantinische Kirche der Welt ***(oben)****.*
Mitten im Bacino di San Marco von Venedig scheint die Insel San Giorgio Maggiore mit der gleichnamigen Basilika zu schwimmen ***(unten)****.*
Linke Seite: *Blick von der Rialto-Brücke auf den Canal Grande bei Nacht* ***(oben)****.*
Der Klassiker: Tauben füttern am Markusplatz ***(ganz links unten)****.*
In der Nähe der Rialto-Brücke am Canal Grande warten Gondolieri auf Passagiere ***(Mitte)****.*

Fast wie ein Artist in der Zirkuskuppel – wer nicht so leicht seekrank wird, ruht sich im Bugnetz aus.

MEHR LUST AUF MEER

Mit einem Klipper von Ozean zu Ozean

Irgendwann endet in jedem Kreuzfahrtgebiet die Saison und die Großsegler müssen für die nächsten Törns in eine andere Klimazone gebracht werden. Zum Beispiel aus Fernost über den Indischen Ozean in das östliche Mittelmeer. Oder vom Mittelmeer über den Atlantik in die Karibik – bis es im nächsten Jahr dann umgekehrt läuft.

Diese Überführungsfahrten von Ozean zu Ozean erfreuen sich zunehmender Beliebtheit. Zwar werden weniger Häfen angelaufen, auch finden weniger Landausflüge statt. Dafür geht es an Bord noch kameradschaftlicher zu als sonst. Wer eine Überführungsfahrt durch den Sueskanal mitmachen will, steigt meist in Akaba zu, mit der Anreise über Amman. Ein paar Tage Zeit sollte man sich schon nehmen, um die jordanische Hauptstadt, vor allem aber die Felsenstadt Petra erkunden zu können. Am besten ist es frühmorgens, wenn es noch kühl ist und bevor um die Mittagszeit die Touristenbusse kommen. Mit dem Taxi ist Petra von Amman aus preiswert zu erreichen. Hotels aller Preisklassen sind vorhanden. Kurz vor Akaba ist ein Stopp im Wüstental von Wadi Rum empfehlenswert, dessen Bergformationen der berühmte Lawrence von Arabien »Die sieben Säulen der Weisheit« nannte. Welch romantische Vorstellungen und Legenden verbinden sich mit diesem Namen. Da stört auch nicht die Tatsache, dass Lawrence von Arabien vor dem Sturmangriff auf die türkisch-osmanische Hafenstadt im Juli 1917 vom Kamel fiel und nach Akaba hineingetragen wurde – immerhin als Sieger. Doch nach seinen Spuren sucht man in der ehemaligen Festung vergebens.

Die Stadt hat heute 80 000 Einwohner, und an Feiertagen und Wochenenden scheinen es doppelt so viele zu sein. Hier liegt Jordaniens einziger Zugang zum Meer, doch für den Klipper bleibt auf der Reede genügend Platz.

Am Morgen nach der Abfahrt von Akaba erreicht das Schiff Sharm el Sheikh in Ägypten, die Einfahrt zum Golf von Sues. Nur wenig Zeit bleibt zum Tauchen im Roten Meer oder zum Besuch des berühmten Katharinenklosters, das seit 2002 zum UNESCO-Weltkulturerbe gehört. Dort, wo sein Bau im 6. Jahrhundert n. Chr. begonnen wurde, stand der Überlieferung zufolge der von Moses erwähnte brennende Dornbusch. Jährlich zieht das abseits in der Wüste gelegene Kloster etwa 50 000 Besucher an.

Wenn es Abend wird, nimmt der Klipper Kurs auf den Golf von Sues. In Gewässern wie diesen ist der Wind ein unzuverlässiger Begleiter. Manchmal weht er überhaupt nicht – oder aus der falschen Richtung. Wegen der schmalen Fahrstraße ist Kreuzen nicht möglich oder es führt zu großen Zeitverlusten. So fährt das Schiff mit Motorkraft weiter. Nachts werden Port Saufik und die Stadt Sues erreicht, der »Kilometer Null« des Kanals.

Schon die Pharaonen träumten davon, Mittelmeer und Rotes Meer zu verbinden. 2000 Jahre später Napoleon. Erst Ferdinand von Lesseps gelang es, dass der Kanal nach zehn Jahren Bauzeit 1869 vollendet wurde. Er verkürzte den Seeweg von Europa nach Asien, von Hamburg nach Bombay (heute: Mumbai) zum Beispiel um 4500 Seemeilen.

Der Klipper, aber auch die rund 20 anderen Schiffe, die im Konvoi durch den Kanal ins Mittelmeer wollen, ankern vor der Einfahrt. Erst nach Sonnenaufgang geht es weiter. Jedes Schiff hat einen Lotsen an Bord. Majestätisch gleitet der Großsegler in die künstliche Wasserstraße (171 Kilometer lang) und wird hier quasi zum Wüstenschiff. Rechts dehnt sich die Sandfläche des Sinai, links die arabische Wüste.

Dann ist man im Mittelmeer, und es wird merklich kühler. Am nächsten Morgen trifft der Klipper auf der Insel Rhodos ein. Ein Bummel in der Altstadt steht auf dem Plan. Mykonos, die »Insel der Windmühlen«, ist der nächste Halt. Doch manchmal fällt das eine oder andere Ziel aus, weil das Wetter sich ändert. Aber die Überfahrt-Gäste sind zufrieden. »Man kann die Seele baumeln lassen«, sagt einer. Es ist früher Nachmittag, als der Klipper in Piräus anlegt und die Passagiere von Bord gehen.

Meist werden die Segel elektrisch gehisst – das spart Kraft und Mannschaft:

Nach der Durchfahrt des Sueskanals kann wieder gesegelt werden.

DIE STRECKENABSCHNITTE

Akaba – Sharm el Sheikh = 107 Seemeilen
Sharm el Sheikh – Sueskanal = 190 Seemeilen
Sueskanal – Port Said = 87 Seemeilen
Port Said – Rhodos = 375 Seemeilen
Rhodos – Piräus = 245 Seemeilen

Von Bord eines Großseglers erleben Passagiere Regatta-Momente hautnah. Es sind Bilder, die jeden »Yachtie« begeistern.

JUNGE WILDE – WILDE ALTE

Mit dem Klipper zur Regatta der schönsten Yachten

Pull! Pull!«, ruft der Erste Offizier. Und die Passagiere legen sich wieder mal beim Segelsetzen ins Zeug. Doch diesmal ist es anders: Der große Klipper liegt voll im Wind, mit Druck im Tuch macht er 17 Knoten, und das Deck hat 15 Grad Schräglage. Wer sich da fortbewegen will, muss sich irgendwo festhalten. Einige Damen haben es vorgezogen, an diesem Tag an Land zu bleiben. Andere haben den Liegestuhl vorgezogen. Nur einige Mutige – meist Hobbyseglerinnen – helfen der Mannschaft. Englische Kommandos hallen über das Deck und werden teilweise auf Russisch weitergegeben. Neben und hinter dem Klipper wimmelt es von anderen Yachten, kleinen und großen, alle unter vollen Segeln. Mittagessen gibt es an diesem Tag nicht an Bord, die Teller würden von den Tischen rutschen. Lediglich Sandwichs werden gereicht, Kaffee oder Tee muss sich jeder selber holen. Selbst die Bar ist geschlossen. Dabei ist heute Männertag – ein typischer Regatta-Tag der alljährlich stattfindenden Antigua Sailing Week. Ein Tag für junge Wilde und wilde Alte.

Fünf Tage lang segeln auf dieser Veranstaltung Skipper aus aller Herren Länder um die Wette. Es geht um Pokale und um den Ruf der jeweiligen Yachten. Für sie ist Antigua das Mekka, das Paradies des Segelsports, denn die Gewässer um die Insel gehören zu den Gebieten mit den besten Segelbedingungen der Welt: Sonne und Wind – was will man mehr. An den Renntagen sind dann große und kleine Boote auf dem Wasser, manche nahe beieinander, andere in großem Abstand. Viele sind aktiv am Rennen beteiligt, andere

Rechts: *Hier baumeln die Beine – die Seele baumelt nach dem Rennen. Der Cutter »Ranger« hart am Wind vor Antigua.*

schauen nur zu. Auch der jeweilige Windjammer von »Star Clippers« ist in erster Linie ein Zuschauerschiff. Für die Laien an Bord – und das sind die meisten – bleiben die Regeln einer Regatta ein Mysterium. Aber das ist in solchen Stunden auch nicht so wichtig. Dabei zu sein ist alles!

Die Stanford Antigua Sailing Week – so die volle Bezeichnung seit 2007 – gehört inzwischen zu den fünf bedeutendsten Segelsportereignissen der Welt. Und das kam so: 1967 hatten der amerikanische Yacht-Vercharterer Desmond Nicholson und Howard Hulford, Hotelmanager auf Antigua, die Idee, die winterliche Touristensaison mit einer Frühlingsregatta zu verlängern. Schon ein Jahr später fand vom English Harbour aus an drei Junitagen das erste Rennen statt, mit nur 17 Booten – aber begeisterten Seglern. Von Jahr zu Jahr

Links: *»Velsheda« und »Ranger«, sogenannte Cutter (engl.: Schneider) erreichen mit ihrem scharfen, fast senkrechten Vorsteven und der Verjüngung an Bug und Heck trotz gedrungener Form eine hohe Geschwindigkeit und sind deswegen Stars bei der Antigua Classic Yacht Regatta.*

meldeten sich mehr und mehr Teilnehmer an, bald waren es über 200. Sie kommen aus der ganzen Welt schon Tage vor der Regatta hierher, um auch nach deren Ende noch viele Tage länger zu bleiben. Beim Rennen 2007 waren es 2500 Männer und Frauen aller Altersgruppen und Nationalitäten. Die Boote, eingeteilt in bis zu 16 verschiedene Klassen, starten in der Dickenson Bay und segeln die Westküste der Insel hinunter. Gekämpft wird mit harten Bandagen, aber meistens auch fair.

Aber das war nicht immer so. Anfangs ging es auf der Sailing Week ziemlich rau und hart zu. Getreu der Ansicht, dass eine Regatta schon an der Startlinie gewonnen oder verloren wird, gab es hektische Starts mit teilweise gefährlichen Situationen. Es gab Unfälle und Proteste, es wurde gegrölt, gepöbelt und sogar beleidigt. Einer, der ein solches Verhalten als unseemännisch empfand, war Uli Prüsse aus Hamburg, damals Kapitän auf einem klassischen Schoner, der berühmten »Ashanti of Saba«. »Wir wollten eine weitere, aber ganz andere Regatta ins Leben rufen, eine für die ›Oldies der Meere‹. Der Grundgedanke dabei war, dass fair und sauber nach den internationalen Wettfahrtregeln gesegelt wird. Unser Ziel war es, eine Gemeinschaft klassischer Yachten zu schaffen und dem Nachwuchs den Weg zu weisen, wie man fair und sauber segeln kann, ohne gleich eine Materialschlacht zu veranstalten. Zusammen mit anderen Schoner-Kapitänen und einer Handvoll zusammengetrommelter klassischer Yachten gingen wir 1988 mit sieben Booten an den Start.« Inzwischen treten bei diesem »edelsten und feinsten maritimen Wettbewerb« jedes Jahr 50 bis 60 klassische Yachten gegeneinander an. Man nennt die »Antigua Classic Yacht Regatta« wegen ihrer Fairness auch das »Gentlemen's Race«. In den Registriervorschriften des Antigua Yacht Club heißt es: »Die Regatta soll Spaß machen, aber auch sicher sein, besonders für schwer manövrierbare und ältere Fahrzeuge jeder Größe. Das Schwergewicht liegt auf SEGELN, nicht auf Rennen... Jede Yacht, die dabei aggressiv oder rücksichtslos vorgeht oder schlechtes seemännisches Verhalten zeigt, wird disqualifiziert.«

Für Laien sind die Regeln einer Regatta für Boote verschiedener Klassen schwer verständlich. Für die meisten Zuschauer gilt: Dabei sein ist alles.

Auch mit nur zwei Masten lässt sich Fahrt machen – und vielleicht ein Preis gewinnen.

Oben: *An Bord wird jeder Hobbyfotograf zum Künstler: Der Rhythmus geblähter Segel im Wind ist immer ein dankbares Motiv.*

Rechts oben: *Harmlos sehen die »Witwenmacher« aus. Erst wenn ein Sturm einen solchen Block losreißt, wird er zur Gefahr.*

Wer die »Oldies des Meeres« liebt, kommt bei dieser Regatta, die stets Mitte April wenige Tage vor der Antigua Sailing Week stattfindet, voll auf seine Kosten, egal ob als Teilnehmer oder Zuschauer. Vom traditionellen Karibik-Typ bis zur klassischen Ketch, von der Sloop bis zu Schonern und Yawls ist alles vertreten. Als Prüsse von der »Ashanti« zur Reederei »Star Clippers« wechselte, plante er auch eine jährliche Großsegler-Regatta vor Antigua. Sein unerwarteter Tod im Jahr 2004 verhinderte das.

Doch auch so haben die Gäste von »Star Clippers« ihren Spaß. Wie alle anderen zu Wasser und an Land genießen sie die einzigartige Atmosphäre der Regatta-Tage. Gefeiert wird auf der ganzen Insel. Immerhin hat Antigua 365 Strände, für jeden Tag des Jahres einen. Wo immer ein Tagestörn für die Yachten endet, herrscht Karnevalsatmosphäre. Es wird getanzt, gesungen, gegrillt und getrunken – das gute, karibische Wadadli-Bier und vor allem Rum. »Reggae, Rum und Racing«, schrieb ein deutsches Segelmagazin. An der Dickenson Bay sprießen praktisch über Nacht die Buden und Zelte aus dem Sand. Die Bucht ist voller Boote, die wild durcheinander ankern. Dazwischen flitzen Wassertaxis hin und her, um die »Yachties« an Land zu bringen. Auf Barbecue-Rosten – es sind der Länge nach aufgeschlitzte Ölfässer – brutzeln Chicken legs, Spareribs und Hummer – karibisch scharf natürlich. Steelbands trommeln um die Wette, zwischendurch springen erhitzte Tänzer und Musiker auch mal ins warme Wasser. Beachpartys sind auch in der Nonsuch Bay angesagt, der einzigartigen Bucht zwölf Meilen vom English Harbour entfernt. Bis in die frühen Morgenstunden geht das so, und auf den »Gin-Palästen«, den Mega-Motoryachten der Reichen und der Superreichen, manchmal auch länger. Einige davon haben neben dem eigenen Hubschrauber auch lebende Galionsfiguren: hübsche Groupies, wie man sie auch an den Grand-Prix-Rennställen der Motorsportszene findet.

Russischer Matrose an Bord der »Star Clipper«: ein kritischer Blick in die Wanten bei einer Classic Yacht Regatta.

In der Regatta keine Gegner. Die niederländische Yacht »Fleurtje« (Baujahr 1960) überholt »Star Flyer« – aber es ist kein Klassenkampf.

Links: *Das große Feiern beginnt schon vor einer Classic Yacht Regatta, wie hier in Falmouth Harbour.*

Unten: *Ein Hafen auch für »Sehleute«, wenn eine Regatta läuft. Für welches Schiff soll man sich entscheiden?*

Im English Harbour geht es etwas dezenter zu. Das Gebäude des berühmten Antigua Yacht Clubs wirkt geradezu bescheiden, ist eher eine Baracke. Gefeiert wird im kleinen Garten, gereicht wird der Rumpunsch eines Sponsors – so viel man mag. Unter den Gästen auch die Vertreter der Inselregierung – vor allem aber die »Yachties«, die aktiven Teilnehmer der Regatta. Jetzt liegen ihre Renner am Pier, schlank und rassig auch ohne Segel, gepflegt und strahlend wie schöne Frauen. »Die meisten von uns in der Yacht-Szene erkennen einen echten Klassiker schon von Weitem«, sagt Alan Hart, Kommodore des Clubs. Da ist die »Ibis«, Baujahr 1888, die Ketch »Sumurun«, Baujahr 1914, vor allem aber viele Oldies aus den 70er- und 80er-jahren des letzten Jahrhunderts. An einigen wird gewienert, werden Stahl oder Messing täglich auf Hochglanz gebracht. Säuberlich aufgereiht stehen die Schuhe der Besatzungen außenbords am Pier. »Ja nicht das Deck zerkratzen!«, denn schließlich gibt es bei der Gentlemen's Regatta auch Preise für »beste Pflege« und »bestes Aussehen«. Und wehe, eine Lady wagt es, mit Pfennigabsätzen zu erscheinen. Schwer vorstellbar, dass Antiguas Hafen vor 250 Jahren als »das Grab der Engländer« galt: »Kein Schatten, zu viel Rum, zu viele Frauen!« Der erst 26-jährige Horatio Nelson hatte hier zwischen 1784 und 1787 sein Hauptquartier als Kommandeur der »Northern Division der Leeward Island Station«.

Der letzte Tag des Rennens ist ein Freitag – das »English Harbour Race«. Dann werden die Preise verteilt. Und auf Shirley's Heights, der alten Festung 150 Meter über dem Hafen, mit traumhaftem Blick auf die umliegende See, warten Touristen und Einheimische bei Steeldrum-Musik auf den »green flash«, den grünen Blitz. Der soll zu sehen sein, wenn die Sonne in der Karibik versinkt. Doch auch wenn er wieder mal nur in der Fantasie auftaucht – die Sailing Week macht die Karibik für alle, die dabei sein durften, zu einem unvergesslichen Erlebnis.

Bei der Happy Hour in Nelson's Dockyard im English Harbour von Antigua treffen sich Klipper-Gäste und »Yachties«. Bei Rum-Drinks wird nicht nur gefachsimpelt.

Nächste Doppelseite: *»Star Clipper« gewinnt 2005 das Rennen der Großsegler vor Antigua – allerdings außer Konkurrenz. Die Passagiere feierten trotzdem.*

STAR CLIPPERS

REGISTER

Adria **182/183**
Ägäis **28, 40, 42, 45**
Ägypten **187**
Akaba **186**
Akropolis **60**
Amalfi **16, 165, 173**
Amalfiküste **173, 175, 178**
Amman **186**
Andamanen **16, 67**
Andamanen-Inseln **69**
Andamanensee **66**
Andreas (hl.) **173**
Antigua **36, 63, 86, 87, 134/135, 146, 188, 192**
Antigua Classic Yacht Race **86, 189**
Antigua Classic Yacht Regatta **189, 190**
Antigua Sailing Week **188/189, 192**
Antigua Yacht Club **190, 195**
Äolische Inseln vgl. Liparische Inseln **15**
Armstrong (General) **163**
Ashanti of Saba **190**
Athen **44, 48, 60**
Atlantik **186**
Atlantiküberführung **63**
Australien **75, 112**

Balzac, Honoré de **32**
Banyan Tree Resort **82, 83**
Barbados **63, 134**
Barbuda **135**
Bergama (vgl. Pergamon) **44, 45**
Beuys **115**
Biesler, Dieter **65, 122**
Blaue Reise **44, 45, 52**
Bodrum **44, 49, 52**
Bora Bora **88, 90, 96, 98, 99, 102, 103**
Bordsprache **16**
Bosporus **42**
Bougainville, Louis Antoine de **89**
Brighton **131**
Bugspriet **26, 49, 119, 144/145, 164**

Capri **17, 123, 165, 169/170**
Captain's Dinner **44, 122, 164/165**
Captain's Hour **19, 87**
Chile **15**
China **15**
Civitavecchia **165**
Classic Yacht Regatta **86, 190, 194**
Concordia **163**
Cook, James **92**
Cousteau, Jacques Yves **96**
Cutler, Carl **14**
Cutty Sark **133**
Cuxhaven **130**

Danzig **132, 133**
Dardanellen **42**
Deutschland **163**
Dieppe **131**
Dominica **135, 140, 149, 154**
Dover **130**
Dubai **67**
Dubrovnik **180/181**

English Harbour **148, 195**
English Harbour Race **195**
Entsalzungsanlage **31, 117**
Ephesos **48, 49, 52**

Fleurtje **193**
Flying Cloud **15**
Forster, Georg **89**
Foster, Jodie **71**
Four Seasons Istanbul **40**
France II **133**
Französisch-Polynesien **88, 93, 96, 98, 102, 103, 107–109**
Fünfmastbark **133**
Fünfmaster **130/131**

Galionsfigur **115, 133, 162/163**
Gauguin, Paul **89**
George Town **67, 72**
Golf von Neapel **170**
Gorch Fock **35**
Great Tea Race **15**
Greenwich **133**
Grenada **135, 151, 154/155, 157**
Griechenland **28**
Großsegler **16, 31, 42, 67, 69, 86, 121, 129, 131, 186–188, 192**
Großsegler-Routen **67**
Großseglertradition **35**
Guadeloupe **135, 141, 158**
Gwarek **132**

Hadrian-Tempel **48**
Hagia Sofia **40**
Hamburg **87, 130, 187, 190**
Hartmann, Birgit **115, 162**
Hartmann, Claus (Galionsfigurenbauer) **115, 162**
Hemingway, Ernest **87**
Heraklit von Ephesos **49**
Hulford, Howard **189**
Hvar **182/183**

Ibis **195**
Îles des Saintes **134, 141, 144, 158**
Indischer Ozean **186**
Istanbul **40, 42**

Janson, Horst **70**
Johannes (Apostel) **52**
Johanneskloster **43, 52**
Jungferninseln **135**

Kampanien **166**
Kap Hoorn **15, 87, 96**
Kapitän Nissen **131**
Karibik **19, 31, 39, 63, 87, 129, 134, 136, 138, 140/141, 148/149, 158, 186, 195**
Karibikroute **134**
Karibische See **134/135, 141, 157**
Kastell St. Peter **49**
Katharinenkloster **187**
Kaunos (Lykische Felsengräber von) **47**
Khersones **163**
Kleine Antillen **135, 151**
Kling, Gerrit **70**
Klüvernetz **49, 145, 177, 182**
Ko Butang **76, 77**
Ko Lipe **71, 72, 79**
Ko Phi Phi **75, 80**
Ko-Hong-Archipel **75**
Kombüse **64, 121**
Korfu **173, 178**
Kotor **179, 181**
Krafft, Anne **24, 25**
Krafft, Eric **24, 25**
Krafft, Marie **25, 133, 162**
Krafft, Mikael **13, 22, 26, 86/87, 114, 121, 132/133, 162**
Krähennest **39, 134, 137, 142**
Kreuzfahrer **144**
Kreuzfahrt **19, 63, 64, 66 75, 88, 129, 151, 175**
Kreuzfahrtklipper **123**
Kreuzfahrtliner-Projekt **132**
Kreuzfahrtriesen **133, 146**
Kreuzfahrtschiff **26, 31, 79, 163**
Kreuzfahrtsegler **16, 62, 96, 142**
Kroatien **173, 178, 180**
Kykladeninsel **57**

Laeisz, Carl **15**
Laeisz-Reederei **15, 22, 130, 163**
Langkawi **71, 73, 74/75**
Langkawi-Archipel **71**
Latzke, Rainer **115**
Lawrence von Arabien **186**
Le Corbusier **57**
Lesseps, Ferdinand von **187**
Lickfett, Gerhard **133**
Lili Marleen **16, 163**
Lipari **164**
Liparische Inseln vgl. Äolische Inseln **114, 164/165, 177**

Malaparte, Curzio **173**
Malaysia **66–68, 72, 74/75**
Marie-Galante **135**
Marmarameer **42**
Marshall, Tony **98**
Martinique **135**
Masefield, John **12**
McKay, Donald **15, 26**
Meulien, Jean Marie **65**
Mir **163**
Mittelmeer **19, 31, 63, 114, 165, 186/187**
Monaco **23, 24, 63, 114, 132**
Montenegro **173, 178**
Montserrat **135**
Moore, Roger **66, 115**
Moorea **13, 92, 103, 104, 110, 111, 112**
Morison, Samuel Eliot **14**
Moses **187**
Müller, Klaus **87**
Mykonos **44, 57, 187**

Napoleon **187**
Navigation **19**
Neapel **166, 168, 170**
Nelson, Horatio **195**
Neukaledonien **133**
Neuseeland **102**
Newhaven **131**
Nicholson, Desmond **189**
Nord-Ostsee-Kanal **133**

Orinoco-Delta **135**
Ostsee **87**

Pankor **69, 70, 71**
Pankor-Inseln **69**
Papeete **88/89, 96, 104**
Patmos **44, 52, 61**
Pazifik **90**
Pergamon (Stätten von) **44, 45**
Pergamon-Altar **45**
Petra **186**
Phang-Nga-Bucht **13, 15, 21, 66, 75**
Pharaonen **187**
Phuket **66, 67, 68, 75, 82**
Piraten **66, 69, 134**
Piratenfilm **134**
Piräus **187**
P-Liner **87, 96, 130, 133, 163**
Polynesien **88, 92/93, 97, 104/105**
Pommern **22**
Pontinische Inseln **165–168**
Ponza **167–169**
Port Said **187**
Potosi **15**
Preussen **24, 115, 130/131**
Prüsse, Uli **86/87, 190, 192**

Rahen **44, 144, 146, 148, 173**
Rahsegel **130, 133, 144, 146**
Rahsegler **121**
Ranger **189**
Regatta **25, 86, 133, 188/189, 190, 195**
Rhodos **52, 187**
Ringelnatz, Joachim **42, 61**
Rom **165, 166, 168**

Rotes Meer **187**
Rotterdam **133**
Rovinj **182**
Royal Clipper **14–17, 23–25, 63–65, 86/87, 114–121, 125, 126, 130–134, 136, 138, 144, 146, 148, 151, 154, 157, 158, 162–165, 170, 178/179, 182**

Sakir, Cevat **52**
Salina **164**
Santorini **55, 57**
Schiller, Friedrich **1**
Schwarzes Meer **42**
Sea Cloud **16**
Sea Cloud II **16**
Sedov **163**
Segeltörn **88**
Shanties **16**
Shanty-Chor **133**
Sharm el Sheikh **187**
Silvia, Königin von Schweden **23, 24, 114/115**
Sizilien **15, 86, 164, 177**
Smutje **64**
Sorrent **165, 169, 170**
Soufrière **135**
St. Barth **87**
St. Kitts **134/135, 149**
St. Lucia **134–136, 137, 139, 14**
St. Martin **135**
St. Vincent **135**
Star Clipper **14, 25, 26, 30/31, 35, 39, 86/87, 115, 132, 137, 142, 158, 192, 195–197**
Star Clippers **62, 189, 192**
Star Clippers-Reederei **13, 62, 65, 90, 133**
Star Clippers-Schiffe **65**
Star Flyer **13, 14, 21, 25, 26, 28, 31, 40/41, 42, 44/45, 47, 49–52, 59, 64, 70, 72, 84/85, 87–89, 90/91, 93, 98, 104. 107, 115, 193**
Starkey, Donald **133**
Steinbeck, John **170**
Straße von Malakka **68, 73**
Stromboli **15, 164, 175, 177**
Südsee **19, 89, 90, 96, 100, 102, 112**
Sueskanal **186/187**
Sumatra **68**
Sumurun **195**

Tahiti **88, 90, 93–96**
Tall Ships World Peace Cup **86**
Tamm, Peter **63**
Taormina **117, 175**
Taurusgebirge **49**
Thailand **13, 15, 21, 31, 66, 68, 71/72, 76/77, 84/85**
Thomas (hl.) **53**
Tobago-Graben **134, 136**
Törn **16, 19, 31, 52, 63, 66–68, 75, 79, 82, 88, 90, 93, 103/104, 165, 192**
Trinidad **135**
Tuamotu-Archipel **88, 93, 96/97**

UNESCO **43, 52, 141, 164, 180, 187**
Utitsyn, Sergey **17, 86**

Vegetarier **65**
Venedig **173, 178, 184/185**
Venezuela **135**
Viermaster **87/88**
Virgin Islands **39**

Wadi Rum **186**
Walcott, Derek **134, 136/137, 149**
Wallis, Samuel **88, 89**
Wanten **32, 126, 192**
Wasseraufbereitungsanlage **119**
Wetterkunde **19**
White Shark **163**
Wilhelm II. (Kaiser) **131**
Windjammer **15, 16, 26, 86, 90, 125, 133, 189**

IMPRESSUM

HOLGER LEUE gilt als einer der angesehensten deutschen Reisefotografen. Seine Aufnahmen sind bereits in mehr als 50 Bildbänden, Reiseführern und Kalendern, sowie in unzähligen Zeitschriftenartikeln erschienen. Bislang hat Holger Leue Auftragsarbeiten in über 60 Ländern verwirklicht. Mehr Informationen unter www.leue-photo.com

Wasser, Wind und Wellen hat **CORD CHRISTIAN TROEBST** schon immer geliebt. Der Journalist und Buchautor war zehn Jahre als Auslandskorrespondent in den USA tätig und lebte meist auf der Seefahrer-Halbinsel Cape Cod, unmittelbar am Atlantik. Es folgten 27 Jahre als Chefredakteur eines deutschen Auslands-Nachrichtendienstes. Seit der Pensionierung ist Troebst freier Journalist, hauptsächlich für Reisethemen. www.cord-c-troebst.de

SUSANNE DRIESSLE, studierte Romanistik und Anglistik, arbeitete als Reiseleiterin und in Zeitschriftenverlagen. Seit 2000 ist sie freie Journalistin mit den Schwerpunkten Hotel-, Reise- und Wohnreportagen – Themen, die sich hier unter weißen Segeln begegnen. Sie lebt in Freiburg.

BILDNACHWEIS:
Klaus und Birgit Hartmann, Maritim Art&Design, Schwanewede: S. 163 (4); Cord Christian Troebst, Hamburg: S. 23 o., 24 l., 25 l.o., 87 l.; Michael Wolf, Haunetal: S. 176; Björn Moritz, Schwentinental: S. 133 l.o.; Kunstmaler Niebert, www.kunstmaler-niebert.de, Naumburg (Hessen): S. 131; Star Clippers, Monaco: S. 22, 23 u., 25 r. u.; Picture-Alliance / dpa, Frankfurt am Main: S. 130; Süddeutsche Zeitung Photo / DIZ, München: S. 132.

Alle anderen Fotos stammen von Holger Leue.

Alle Angaben dieses Bandes wurden von den Autoren sorgfältig recherchiert und vom Verlag auf Stimmigkeit und Aktualität geprüft. Allerdings kann keine Haftung für die Richtigkeit der Informationen übernommen werden. Für Hinweise und Anregungen sind wir dankbar.
Zuschriften an den: Bucher Verlag, Produktmanagement
Postfach 400209 · D-80702 München
E-Mail: lektorat@bucher-verlag.de

PRODUKTMANAGEMENT: Joachim Hellmuth
TEXTLEKTORAT: Anke Höhne
UMSCHLAG UND GRAFISCHE GESTALTUNG:
Marion Sauer, www.vor-zeichen.de, München
HERSTELLUNG: Bettina Schippel
TECHNISCHE PRODUKTION: Repro Ludwig, Zell am See
Printed and bound in Italy by Printer Trento
Die Deutsche Nationalbibliothek CIP-Einheitsaufnahme – Ein Titeldatensatz ist erhältlich

ISBN 978-3-7658-1682-6